교육 컨설팅의
이론과 실제

The Theory and Practice of
Educational Consulting

:: 머리말

◆ 교육의 본질과 컨설팅의 실용, 그 접점에 서서

대학 강단에 서서 예비 교육 전문가인 학생들을 마주할 때마다, 저는 그들의 눈빛에서 기대와 막막함이 교차하는 것을 봅니다. 그들은 묻습니다.

"교수님, 이론은 알겠는데, 실제 현장에 나가면 무엇부터 해야 합니까?"

이 질문은 저에게도 오랜 화두였습니다. 서점에는 경영학 관점의 컨설팅 서적들이 넘쳐나고, 학교 현장에는 파편화된 매뉴얼들이 존재하지만, 정작 '교육학적 깊이(Theory)'와 '현장 실무의 구체성(Practice)'을 아우르는 지침서는 턱없이 부족했기 때문입니다.

이 책, 『교육 컨설팅의 이론과 실제』는 그 오랜 갈증에 대한 저의 학문적 대답이자, 실천적 기록입니다.

◆ 16년, 현장과 강단을 오가며 깨달은 것들

저는 지난 16년이 넘는 시간 동안 청소년 교육 현장에서부터 성인 리더십 교육, 그리고 기업의 HRD 현장에 이르기까지 교육이 필요한 곳이라면 어디든 달려가 실무와 이론을 병행해 왔습니다. 뒤늦게 시작한 교육학 박사 과정은 저의 이러한 경험들을 논리적으로 체계화하는 치열한 시간이었습니다.

그 과정에서 제가 확신하게 된 한 가지 진실이 있습니다. "좋은 컨설팅은 화려한 말솜씨가 아니라, 탄탄한 교육학적 설계에서 나온다"는 것입니다. 문제를 정확히 진단하는 '연구자의 눈'과, 사람의 마음을 움직여 변화를 이끌어내는 '교육가의 심장'이 만날 때, 비로소 진정한 교육 컨설팅은 완성됩니다.

◈ 이 책이 가고자 하는 길

이 책은 단순히 '컨설팅 하는 법'을 나열한 기술서가 아닙니다. 교육 컨설팅을 하나의 독립된 학문 영역으로 정립하고, 그 토대 위에서 실무를 펼칠 수 있도록 돕는 '학술적 기본서'를 지향합니다.

제1부와 2부에서는 교육 컨설팅의 철학적 배경과 역사, 그리고 학계에서 검증된 주요 모형들을 다루어 독자들의 이론적 근육을 단련시킵니다.
제3부에서는 요구분석부터 해결책 설계에 이르는 과학적 방법론을 제시하여, 감(感)이 아닌 데이터(Data)에 기반한 컨설팅을 수행하도록 안내합니다.
제4부와 5부에서는 학교, 기업, 공공기관 등 다양한 맥락(Context)에서의 실제 사례와 미래 동향을 다루어 실전 감각을 높였습니다.
특히, 각 장에 배치된 '성찰 질문(Reflection Questions)'과 부록으로 수록된 '실무 툴킷(Toolkit)'은 독자 여러분이 강의실을 넘어 현장에 나갔을 때, 든든한 무기가 되어 줄 것입니다.

◈ 미래의 교육 전문가들에게

이 책은 교육학과 전공생들에게는 친절한 내비게이션이, 현업에서 고군분투하는 교사 및 HRD 담당자들에게는 든든한 전략 참모가 되기를 희망합니다.
책을 집필하는 내내 저를 지탱해 준 것은, "교육은 결국 사람을 향해야 한다"는 믿음이었습니다. 컨설팅이라는 차가운 도구가 교육이라는 따뜻한 목적을 만났을 때, 개인과 조직이 얼마나 놀랍게 성장할 수 있는지 이 책을 통해 확인하시길 바랍니다.

저자 최윤석

CONTENTS

제2부. 교육 컨설팅의 역사와 발달 과정

제3부. 진단 및 해결책 개발 방법론

CONTENTS

제4부. 교육 컨설팅의 영역별 실제

교육 컨설팅의
이론과 실제

The Theory and Practice of
Educational Consulting

제**1**부

–

교육 컨설팅의 기초

제1장 교육 컨설팅의 이해

📋 제1절. 교육 컨설팅의 개념 및 조작적 정의

교육 현장에서 '컨설팅'이라는 용어는 마치 유행어처럼 번져있다. 입시 컨설팅, 취업 컨설팅, 수업 컨설팅 등 수식어만 바꾸어 무분별하게 사용되다 보니, 정작 교육 컨설팅이 무엇인지에 대한 본질적 탐구는 소홀히 다루어져 왔다.

따라서 본 절에서는 경영학이나 일반 사회과학에서 통용되는 컨설팅의 의미를 넘어, '교육(Education)'이라는 특수한 맥락 위에서 컨설팅을 재정의하고, 본서에서 사용할 조작적 정의를 확립하고자 한다.

1) 컨설팅(Consulting)의 일반적 의미

어원적으로 컨설팅은 라틴어 'Consultare'에서 유래했으며, 이는 '상의하다', '조언을 구하다', '심사숙고하다'라는 의미를 내포한다. 현대적 의미에서 컨설팅은 "특정 분야의 전문 지식을 가진 사람(Consultant)이 도움이 필요한 의뢰인(Client)의 문제 해결을 돕는 일련의 과정"으로 통칭된다.

경영학자 피터 블록(Peter Block)은 그의 저서에서 "직접적인 권한(Direct Control)을 행사하지 않으면서, 타인에게 영향을 미치고 변화를 돕는 모든 행위"를 컨설팅으로 정의했다. 즉, 컨설팅의 본질은 '지시'가 아닌 '조력(Helping)'에 있다.

2) 교육적 맥락에서의 재해석

그렇다면 일반 컨설팅과 '교육 컨설팅'은 무엇이 다른가? 가장 큰 차이는 '변화의 대상과 목적'에 있다.

일반 경영 컨설팅이 '이윤 창출'이나 '시스템 효율화'를 최우선 가치로 둔다면, 교육 컨설팅은 '인간의 성장'과 '교육적 가치 실현'을 궁극적인 목적으로 한다. 학교나 교육 기관, 혹은 HRD 부서의 문제는 기계적인 수리로 해결될 수 없다. 그 안에는 가르치는 자와 배우는 자, 그리고 그들을 둘러싼 문화가 복잡하게 얽혀 있기 때문이다.

따라서 교육 컨설팅은 문제 해결(Problem Solving)을 넘어, 의뢰인 스스로 문제를 해결할 수 있는 '역량(Capacity)'을 길러주는 학습 과정이어야 한다. 이것이 바로 교육 컨설팅이 교육학의 한 영역으로 자리 잡아야 하는 이유다.

3) 교육 컨설팅의 조작적 정의 (Operational Definition)

이러한 논의를 종합하여, 본 서에서는 교육 컨설팅을 다음과 같이 정의하고자 한다.

"교육 컨설팅이란, 교육 관련 전문성을 갖춘 전문가(Consultant)가 의뢰인(Client: 개인, 학교, 조직)과 수평적 협력 관계를 맺고, 교육 현장의 문제를 과학적으로 진단하여 최적의 해결책을 제시하며, 나아가 의뢰인의 자체적인 문제 해결 역량을 향상시키는 체계적인 조력 과정(Professional Helping Process)이다."

이 정의는 다음의 네 가지 핵심 요소를 포함한다.

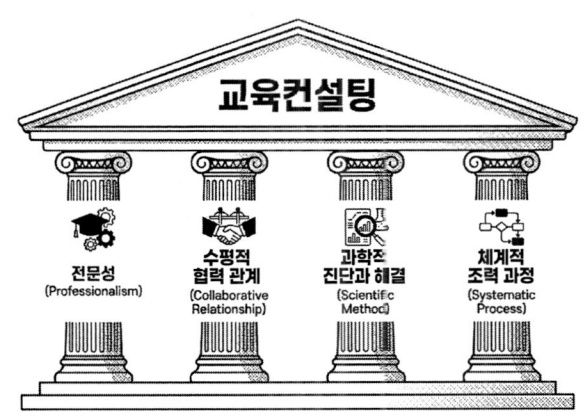

[그림 1-1] 교육 컨설팅의 4대 핵심 요소 (The 4 Pillars)

① 전문성(Professionalism)

컨설턴트는 교육 이론과 현장 경험, 그리고 문제 해결 방법론에 대한 전문 지식(Content & Process Knowledge)을 갖추어야 한다.

② 수평적 협력 관계(Collaborative Relationship)

컨설팅은 상급자가 하급자를 지도하는 '장학(Supervision)'이나 '감사(Audit)'와 다르다. 의뢰인과 동등한 위치에서 함께 문제를 탐색하는 파트너십이 필수적이다.

③ 과학적 진단과 해결(Scientific Method)

경험이나 직관에 의존하는 조언이 아니라, 데이터와 증거에 기반(Evidence-based)한 진단과 처방이 이루어져야 한다.

④ 자생적 역량 강화(Empowerment)

컨설턴트가 떠난 후에도 의뢰인이 스스로 문제를 해결할 수 있도록 돕는 '교육적 효과'가 있어야 한다. 이것이 단순한 용역 대행과 구분되는 교육 컨설팅의 핵심이다.

Prof's Insight. 교수자가 되어 경영을 논하다

[그림 1-2] 양손잡이 컨설턴트의 균형

교육컨설틴트는 '양손잡이 인재'가 되어야 합니다.

- 한 손에는 '계산기(경영 마인드)'를 들고 예산과 효율을 따져야 하지만,
- 다른 한 손에는 '교과서(교육 마인드)'를 들고 사람의 성장을 고민해야 합니다.
- 이 균형이 무너지는 순간, 학교는 '공장'이 되고 학생은 '제품'으로 전락하게 됩니다.

Workbook 1-1. 컨설팅 의뢰서 해독하기

⊙ 학습 목표

- 고객의 모호한 언어 속에서 컨설팅의 '목적'과 필요한 '기능'을 찾아낸다.

⊙ 내용 구성

- 지시문

"다음은 학교와 기업 담당자들이 실제로 보낸 의뢰 메일의 일부입니다. 이 의뢰가 3 가지 목적(치료/발전/예방) 중 어디에 해당하며, 컨설틴트가 어떤 기능(진단/정보제 공/솔루션/촉진)을 수행해야 할지 연결해 보세요."

- 예시 문항
- "요즘 신입사원들의 퇴사율이 너무 높아요. 이유를 모르겠습니다." (→ 치료적 목적 / 객관적 진단 기능)
- "내년부터 고교학점제가 시행되는데, 우리 학교 시간표를 어떻게 짜야 할지 막막합 니다." (→ 예방적 목적 / 문제 해결 및 솔루션 설계 기능)
- "우리 대학을 지역 최고의 AI 특성화 대학으로 만들고 싶습니다." (→ 발전적 목적 / 정보 및 전문 지식 제공 기능)

Workbook 1-2. 나만의 컨설팅 정의 만들기

⊙ **학습 목표**

: 본문의 조작적 정의를 바탕으로 자신만의 컨설팅 철학을 정립한다.

⊙ **내용 구성**

- 질문 1 : 내가 생각하는 교육 컨설팅의 핵심 키워드 3가지는? (예: 성장, 데이터, 파트너십)
- 질문 2 : 본문에 나온 "물고기를 잡는 법을 가르치는 것" 외에, 교육 컨설팅을 비유할 수 있는 다른 문장을 만들어보세요.
- (예시: 교육 컨설팅은 ___ 이다. 왜냐하면 ___ 이기 때문이다.)

심화 토론

| **주제 1. 효율성인가, 교육적 가치인가?**

⊙ **배경**

본문에서 경영 컨설팅은 '효율성'을, 교육 컨설팅은 '인간의 성장'을 중시한다고 했다.

⊙ **발제문**

"여러분이 재정난을 겪고 있는 사립학교의 컨설턴트라고 가정해 봅시다. 경영 효율화를 위해서는 수익이 나지 않는 '예술 동아리'와 '소인수 선택 과목'을 폐지해야 합니다(경영학적 관점). 하지만 이는 학생들의 정서 함양과 진로 탐색에 필수적입니다(교육학적 관점).

당신은 이 상황에서 어떤 결정을 내리겠습니까? 그리고 그 이유는 무엇입니까? 두 가치 사이에서 어떻게 균형점을 찾을 수 있을까요?"

▌주제 2. 전문가인가, 조력자인가? (Role Identity)

⊙ 배경

과거의 '전문가 모형(정답 제시)'에서 현대의 '과정 자문 모형(함께 답 찾기)'으로 변화하고 있다고 배웠다.

⊙ 발제문

- "클라이언트가 시간이 없다며 '그냥 교수님이 정답을 알려주세요, 시키는 대로 하겠습니다'라고 강하게 요구합니다.
- 이때, 여러분은 전문가로서 빠르고 명확한 해결책을 제시해 주겠습니까(Expert Model), 아니면 시간이 걸리더라도 클라이언트가 스스로 답을 찾도록 질문을 던지겠습니까?현실적인 제약(시간, 비용)과 교육적 이상(역량 강화) 사이에서 당신의 선택은 무엇입니까?"

제2장

교육 컨설팅의 역사와 발달 과정

제1절. 교육 컨설팅의 태동과 역사적 흐름

교육 컨설팅은 어느 날 갑자기 등장한 새로운 개념이 아니다. 이는 산업 사회의 발전과 함께 경영학적 원리가 교육 현장에 도입되고, 이후 교육의 민주화와 전문화 과정을 거치며 '지시와 통제'에서 '지원과 협력'으로 진화해 온 역사적 산물이다. 그 발달 과정을 주요 시기별 특징으로 나누어 살펴보면 다음과 같다.

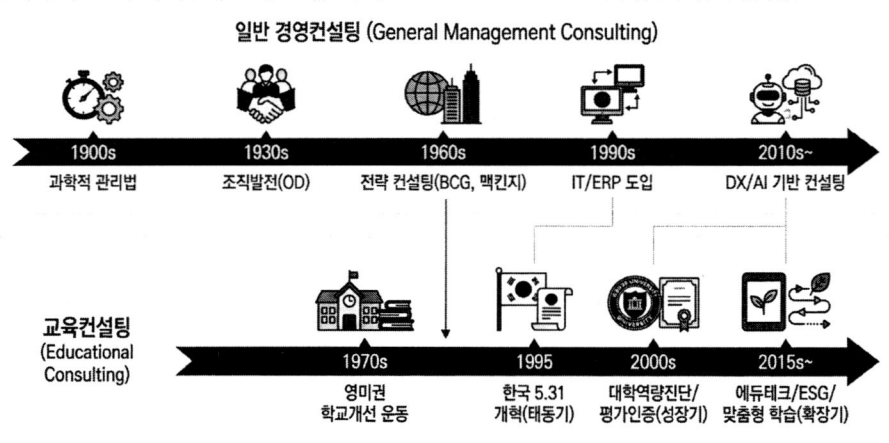

[그림 2-1] 컨설팅 산업의 진화와 교육 컨설팅의 등장

1) 태동기: 과학적 관리론과 효율성의 추구 (1900s ~ 1950s)

교육 컨설팅의 초기 형태는 20세기 초 프레데릭 테일러(Frederick Taylor)의 '과학적 관리

론(Scientific Management)'이 교육 행정에 도입되면서 시작되었다고 볼 수 있다.

- **사회적 배경**

  산업화 시대, 학교는 '공장', 학생은 '원자재', 교사는 '노동자'로 비유되었다. 교육의 목표는 사회가 요구하는 인력을 최소한의 비용으로 최대한 빠르게 배출하는 '사회적 효율성(Social Efficiency)'에 있었다.

- **컨설팅(당시의 장학)의 특징**

  이 시기의 외부 전문가(장학사 또는 관리자)는 '감시자(Inspector)'의 역할을 수행했다.

  교사의 수업이나 업무 수행을 관찰하여 결함을 찾아내고, '표준화된 절차'를 따르도록 지시하는 권위적이고 하향식(Top-down)접근이 주를 이루었다.

  이는 현대적 의미의 컨설팅이라기보다 '관리 감독'에 가까웠으나, 외부 전문가가 조직의 문제를 진단하고 개입한다는 구조적 기틀을 마련했다는 점에서 의미가 있다.

2) 발전기: 인간관계론과 장학의 진화 (1950s ~ 1990s)

1930년대 호손 실험(Hawthorne Experiments) 이후 대두된 '인간관계론(Human Relations Movement)'은 교육 현장에도 큰 변화를 가져왔다. 물리적 조건보다 구성원의 심리적 만족 감과 사회적 관계가 생산성에 더 큰 영향을 미친다는 사실이 밝혀지면서, 교육 컨설팅의 전신인 '장학'의 개념도 변화하기 시작했다.

- **임상 장학(Clinical Supervision)의 등장**

  1960년대 코간(Cogan)과 골드해머(Goldhammer) 등은 교실 내에서의 실제적인 수업 개선을 위해 교사와 장학 담당자가 1:1로 대면하여 협의하는 '임상 장학'을 제안했다.

  이는 지시가 아닌 '쌍방향 소통'을 강조하며, 교사를 통제의 대상이 아닌 '전문적 성장의 주체'로 인식하기 시작했다는 점에서 현대적 컨설팅의 철학적 토대가 되었다.

- **컨설팅 개념의 싹**

  이 시기부터 '조직 개발(OD: Organization Development)' 기법이 학교에 도입되며, 단순히 개인을 지도하는 것을 넘어 '조직 문화'를 변화시키려는 시도가 나타났다.

3) 확산기: 교육 컨설팅의 본격화와 전문화 (2000s ~ 현재)

[그림 2-2] 장학(Supervision)에서 컨설팅(Consulting)으로의 패러다임 전환

21세기에 접어들며 지식기반사회로의 전환, 교육 수요자의 다양화, 학교 폭력 및 부적응 등 교육 문제의 복잡성이 증가했다. 기존의 행정적 지원이나 내부 장학만으로는 해결하기 어려운 문제들이 속출하면서, '전문적인 외부 컨설팅'에 대한 수요가 폭발적으로 증가했다.

- **'장학'에서 '컨설팅'으로의 용어 전환**

  한국을 포함한 많은 국가에서 수직적 어감이 강한 '장학' 대신, 수평적이고 전문적인 느낌을 주는 '컨설팅'이라는 용어를 공식적으로 채택하기 시작했다. (예: 학교 컨설팅, 수업 컨설팅 등)

- **영역의 세분화 및 전문화**

  학교 교육 : 수업 컨설팅을 넘어 경영 컨설팅, 교육과정 재구성, 학교 폭력 예방 등 영역이 세분화되었다.

  HRD(기업 교육) : 단순한 직원 교육 훈련을 넘어, 성과 창출과 직결되는 '수행 공학(HPT) 기반 컨설팅'이 주류로 자리 잡았다.

- **데이터 기반 접근**

  경험과 직관에 의존하던 과거와 달리, 학습 분석(Learning Analytics)과 교육 데이터 마이닝을 활용한 '증거 기반(Evidence-based) 컨설팅'이 표준으로 자리 잡고 있다.

◈ Prof's Insight. 시대별 컨설턴트의 역할 변화

구분	태동기 (과학적 관리론)	발전기 (인간관계론)	확산기 (현대 컨설팅)
핵심 가치	효율성, 표준화	인간 존중, 민주화	전문성, 자율성, 책무성
컨설턴트 역할	감독관 (Inspector)	조언자 (Helper)	변화 촉진자 (Facilitator)
관계	수직적, 지시적	온정적, 보호적	수평적, 협력적
접근 방식	결점 지적 및 교정	심리적 위로 및 격려	데이터 기반 문제 해결

제2절. 국내외 교육 컨설팅 시장의 변화와 동향

교육 컨설팅은 과거 소수의 전문가나 특수 목적을 가진 조직만의 전유물이었으나, 평생 교육 시대의 도래와 지식 생태계의 급변으로 인해 거대한 '지식 서비스 산업'으로 성장했다. 본 절에서는 공교육, 기업 교육, 민간 영역으로 나누어 시장의 변화 흐름을 살펴본다.

1) 공교육 분야: '제도적 장학'에서 '자율적 컨설팅'으로

한국 공교육 시장에서 컨설팅의 도입은 '학교 자율화'의 역사와 궤를 같이한다.

• 변곡점, 5.31 교육개혁 (1995)

획일적인 통제 위주의 교육 행정에서 벗어나, 단위 학교의 자율성과 책무성을 강조하는 '학교 중심 경영(SBM: School−Based Management)'이 도입되었다. 이는 학교가 스스로 문제를 진단하고 외부 전문가의 도움을 필요로 하는 환경을 조성했다.

• 학교 컨설팅의 제도화 (2010년대~)

2010년대를 전후하여 각 시·도 교육청은 조례 제정을 통해 '학교 컨설팅 지원'을 공식화했다. 기존의 장학사가 수행하던 관리·감독 기능을 축소하고, 교원이나 외부 전문가로 구성된 '컨설팅 장학단'이 수업 개선, 학교 경영, 생활 지도 등의 영역을 지원하는 시스템이 정착되었다.

• 최신 동향

최근에는 '혁신학교', '고교학점제', 'IB(International Baccalaureate) 도입' 등 정책적 변화에 대응하기 위한 정책 컨설팅수요가 급증하고 있으며, 교육청 주도가 아닌 민간 연구소나 대학 산학협력단에 위탁하는 형태의 전문 컨설팅이 활성화되고 있다.

2) 기업 및 산업교육(HRD) 분야: '교육(Training)'에서 '성과(Performance)'로

기업 교육 시장은 교육 컨설팅이 가장 먼저 산업화된 영역이자, 글로벌 트렌드에 가장 민감하게 반응하는 시장이다.

• 패러다임의 변화

과거에는 대규모 집체 교육(Off-JT) 중심의 '강의 제공'이 주된 서비스였다면, 현재는 현업의 성과 문제(Performance Problem)를 해결하는 '수행 공학(HPT) 기반 컨설팅'이 주류를 이룬다. "교육을 했는가?"가 아니라 "성과가 올랐는가?"가 컨설팅의 성패를 좌우하게 되었다.

• DT(Digital Transformation)와 Reskilling

디지털 전환 가속화로 인해 임직원의 디지털 역량을 강화하는 Upskilling(직무 향상)·Reskilling(직무 전환)컨설팅 시장이 폭발적으로 성장하고 있다.

• 글로벌 트렌드

미국의 ATD(Association for Talent Development) 등 글로벌 HRD 흐름은 마이크로 러닝(Micro-learning), 학습 경험 플랫폼(LXP) 구축 등 '기술 기반 학습 생태계'를 조성해 주는 기술 컨설팅으로 진화하고 있다.

3) 민간 및 평생교육 분야: 생애 주기별 맞춤형 서비스

한국의 특수한 교육열과 고령화 사회 진입은 독특한 민간 컨설팅 시장을 형성했다.

• 입시 및 진학 컨설팅의 고도화

단순한 성적 맞춤형 배치 상담을 넘어, 학생부 종합 전형 등 복잡한 입시 제도에 대응하기 위한 '진로 로드맵 설계', '학습 코칭' 등 매니지먼트 형태의 컨설팅이 보편화되었다. 이는 공교육 내 진로진학상담교사 제도의 도입을 촉진하는 역설적인 효과를 낳기도 했다.

- **평생교육 및 지자체 컨설팅**

  지방소멸 위기와 맞물려 각 지자체는 '평생학습도시' 지정을 위한 컨설팅을 적극적으로 도입하고 있다. 지역 주민의 역량 강화와 지역 사회 문제 해결을 연계하는 '지역 사회 기반 교육 컨설팅(CBE: Community-Based Education)'이 새로운 틈새시장(Niche Market)으로 부상 중이다.

Prof's Insight. 시장을 바라보는 눈

교육 컨설팅 시장은 이제 '하드웨어(시설)'나 '소프트웨어(프로그램)'를 파는 시대를 지나, '휴먼웨어(Humanware)'를 다루는 시대로 접어들었습니다.

- Red Ocean : 단순 지식 전달, 일회성 특강, 범용적인 입시 정보 제공
- lue Ocean : 데이터 기반 성과 분석, 조직 문화 진단, 개인 맞춤형(Hyper-personalized) 학습 설계

여러분이 전문가가 되었을 때, 어느 바다에서 헤엄칠지 고민해 보십시오. 답은 '대체 불가능한 전문성'에 있습니다.

제3절. 교육 컨설팅 관련 법규 및 제도적 기반

교육 컨설팅이 개인적인 차원의 '재능 기부'를 넘어 하나의 전문직(Profession)으로 인정받기 위해서는 탄탄한 법적 · 제도적 기반이 필수적이다. 법규는 컨설팅 활동의 정당성을 부여할 뿐만 아니라, 예산 지원과 결과 이행의 강제력을 담보하는 안전장치 역할을 하기 때문이다.

본 절에서는 공교육과 평생교육(HRD) 분야를 지탱하는 법적 근거와 자격 제도를 살펴본다.

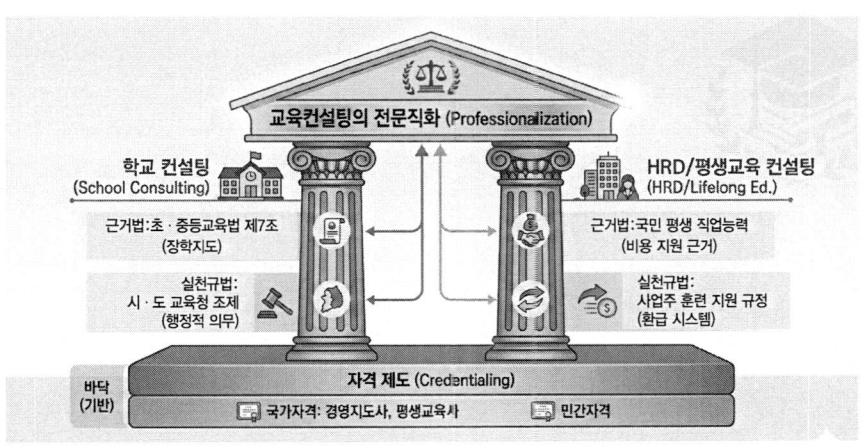

[그림 2-3] 교육 컨설팅의 법적 • 저도적 지원 체계

1) 학교 컨설팅의 법적 근거: 장학의 법제화

학교 현장에서 이루어지는 컨설팅은 '교육기본법'과 '초 · 중등교육법'에 그 뿌리를 두고 있다. 과거의 권위적 장학이 법적 근거 없이 관행적으로 이루어졌다면, 현대의 학교 컨설팅은 명확한 자치 법규에 의해 운영된다.

- **초 · 중등교육법 제7조(장학지도)**

  교육부 장관과 교육감은 학교에 대하여 교육과정 운영과 교수 · 학습 방법 등에 대한 장학지도를 할 수 있다고 명시되어 있다. 이것이 학교 컨설팅의 최상위 법적 근거다.

- **시 · 도 교육청 조례(Ordinance)**

  가장 실질적인 근거는 각 시 · 도 교육청의 '학교 자율 장학 및 컨설팅 지원 조례'이다. 이 조례들은 컨설팅의 정의, 컨설턴트(장학위원)의 자격, 의뢰 절차, 예산 지원 범위 등을 구체적으로 규정하고 있다.

  이는 컨설팅이 학교장의 '선택'이 아닌, 교육청이 지원해야 할 '행정적 의무'임을 명시함으로써 컨설팅 시장의 안정성을 확보해 준다.

2) 평생교육 및 HRD 컨설팅의 법적 근거

기업 교육 및 성인 교육 분야는 국가의 인적 자원 개발 전략과 맞물려 강력한 법적 지원을 받고 있다.

- **국민 평생 직업능력 개발법 (구 근로자직업능력 개발법)**

  이 법은 기업이 근로자를 위해 실시하는 교육 훈련과 컨설팅 비용을 국가가 지원(고용보험 기금)하는 근거가 된다.

  특히 '사업주 직업능력개발훈련 지원 규정'은 HRD 컨설팅 기관이 기업의 교육 체계를 수립해주고 훈련을 실시했을 때 비용을 환급받을 수 있게 하여, HRD 컨설팅 시장의 거대한 수요를 창출하는 핵심 기제(Mechanism)로 작용한다.

- **평생교육법**

  평생교육기관의 설치 및 운영, 평가에 관한 사항을 규정한다. 평생교육사 배치를 의무화하고 있어, 교육컨설턴트가 평생교육 기관의 설립 및 운영 컨설팅을 수행할 때 반드시 숙지해야 할 법령이다.

3) 자격 제도와 전문가 인증 (Credentialing)

의사나 변호사와 달리 교육컨설턴트는 배타적인 면허(License) 제도가 존재하지 않는다. 그러나 전문성을 입증하기 위한 다양한 자격 제도가 공존하고 있다.

- **국가 자격 (National Qualifications)**

  경영지도사(인적자원관리) : 중소벤처기업부가 주관하는 국가 전문 자격으로, 인사·조직 및 HRD 컨설팅 분야에서 공신력을 인정받는다.

  평생교육사 : 교육부가 발급하는 자격으로, 평생교육 프로그램 기획 및 운영에 대한 전문성을 보증한다.

  청소년상담사 : 여성가족부 주관 자격으르, 심리적 접근이 필요한 진로 및 학습 컨설팅 분야에서 필수적이다.

- **민간 자격 (Private Certifications)**

  한국직업능력연구원(KRIVET)에 등록된 다양한 민간 자격이 운영되고 있다. '진로진학상담사', '자기주도학습지도사', '교육컨설턴트' 등의 명칭으로 발급되나, 자격증의 남발을 막고 질적 수준을 담보하는 것이 향후 과제라 할 수 있다.

Prof's Insight. 자격증이 전부는 아닙니다.

학생들이 자주 묻습니다. "교수님, 어떤 자격증을 따야 컨설턴트가 될 수 있나요?" 저는 이렇게 답합니다. "자격증은 '입장권'일 뿐, '실력' 그 자체는 아니다."

법규를 알고 자격증을 갖추는 것은 전문가로서의 기본적인 '신뢰(Credibility)'를 얻기 위함입니다. 하지만 클라이언트를 감동시키는 것은 자격증이 아니라, 여러분이 제시하는 '탁월한 해결책(Solution)'임을 명심해야 합니다. 컵은 여러분을 보호하는 방패로 삼고, 진짜 무기인 '전문성'을 가다듬으십시오.

Workbook 2. 예비 교육컨설턴트 역량 자가진단

⊙ **학습 목표**

- 제3절에서 제시한 하드 스킬과 소프트 스킬을 기준으로 현재 자신의 강점과 약점을 파악한다.

⊙ **내용 구성**

- 체크리스트 : 본문에 언급된 역량(지식, 분석력, 의사소통, 윤리성 등)을 5점 척도 문항으로 구성
- 예 : 나는 낯선 데이터를 보고 핵심 문제점을 파악하는 데 능숙하다. (1~5점)
- 예 : 나는 타인의 이야기를 경청하고 숨은 의도를 파악하는 데 능숙하다. (1~5점)
- 성찰 질문 : "진단 결과 가장 부족한 역량은 무엇이며, 이를 대학 생활 동안 어떻게 보완할 계획입니까?"

심화 토론

| **주제 1. AI 시대, 인간 컨설턴트의 쓸모**

⊙ **배경**

- 2장에서 컨설팅의 역사가 AI/DX로 나아가고 있다고 배웠습니다. 데이터 분석과 전략 수립을 AI가 더 잘하는 시대가 오고 있습니다.

⊙ **발제문**

- "최근 AI 기반의 데이터 분석 솔루션들이 학교나 기업의 문제점을 순식간에 진단해 내고 있습니다. 이런 기술 발전 속에서 [Prof's Note]에서 강조한 인간 컨설턴트만의 '공감'과 '과정 자문(Process Consultation)' 역량은 여전히 유효할까요? 미래에 인

간 교육컨설턴트가 AI로 대체되지 않고 살아남기 위해 가장 필요한 핵심 무기는 무엇일지 토론해 봅시다.“

주제 2. "정답을 주세요" vs "함께 찾읍시다"

⊙ 배경

- 에드가 샤인의 모델 중 고객은 종종 빠르고 편한 '전문직 모형(정답 구매)'을 원하지만, 교육적 효과는 '과정 자문 모형'이 큽니다.

⊙ 발제문

- "대학구조개혁 평가를 앞두고 다급해진 A대학 총장이 여러분에게 컨설팅을 의뢰하며 말합니다. '우리 교수들은 변화를 싫어하니, 그냥 컨설턴트님이 평가 점수 잘 받을 수 있는 보고서와 실행 계획을 다 짜서 넘겨주세요. 우린 그대로 시행만 하겠습니다.'
- 여러분은 이 제안을 수락하시겠습니까? (전문직 모형)아니면 대학 구성원들의 반발과 시간 지연을 감수하더라도 그들을 참여시키는 어렵고 긴 과정을 제안하시겠습니까? (과정 자문 모형)현실적 성과(수주 및 고객 만족)와 교육적 이상(조직 역량 강화) 사이에서 어떤 선택을 할지 이야기해 봅시다."

제3장 교육 컨설팅의 역할과 윤리

제1절. 컨설턴트의 다차원적 역할

유능한 교육컨설턴트는 고정된 하나의 역할을 고수하기보다, 조직의 성숙도와 당면한 과제의 성격에 따라 다양한 페르소나(Persona)를 능숙하게 전환할 수 있는 '전략적 연기자'와 같다. 때로는 명쾌한 지식의 전달자인 '전문가'가 되어야 하고, 때로는 조직의 병폐를 진단하는 '임상가'의 눈을 가져야 하며, 궁극적으로는 구성원의 자생적 성장을 돕는 '조력자'로서 존재해야 한다. 학문적으로는 리피트(Lippitt)와 셰인(Schein)의 고전적 분류를 통해 교육컨설턴트의 역할을 다음의 세 가지 핵심 모형으로 체계화할 수 있다.

1. 전문가 역할: 전문 지식의 제공

가장 전통적이고 일반적인 형태의 역할이다. 클라이언트가 자신의 문제가 무엇인지 정확히 알고 있고, 이를 해결하기 위해 어떤 정보나 서비스가 필요한지 명확히 인지하고 있을 때 수행된다.

- 기본 가정: 클라이언트는 문제의 본질을 이미 정의했으며, 이를 해결할 '도구'나 '지식'만이 부족하다고 믿는다. 따라서 컨설턴트의 전문성을 일종의 '상품'처럼 구매하여 즉각적인 결과물을 얻고자 한다.
- 컨설턴트의 역할: 클라이언트의 요구에 부합하는 최신 지식, 데이터, 콘텐츠를 제공하거나 특정 과업을 대신 수행하는 용역 대행자의 역할을 수행한다. 정보 전달의 효율성과 결과물의 완성도가 평가의 핵심 지표가 된다.

• 교육 현장 사례

"디지털 전환 교육을 위해 우리 교수진에게 적합한 생성형 AI 활용 가이드북을 제작해 주십시오."

"차년도 신입사원 온보딩 프로그램을 위한 교육 과정 설계안을 납품해 주십시오."

비판적 고찰: 만약 클라이언트의 초기 진단이 잘못되었다면, 컨설턴트가 아무리 우수한 지식을 제공하더라도 조직의 근본적인 문제는 해결되지 않는다. 또한, 클라이언트가 컨설턴트의 지식에 과도하게 의존하게 되어 조직 내부의 역량이 정체될 위험이 상존한다.

2. 의사–환자 역할: 진단과 처방

조직 내부에 이상 징후(Symptom)가 발생했으나, 클라이언트 스스로 정확한 원인이나 치료법을 규명하지 못할 때 선택하는 역할이다. 마치 환자가 자신의 통증을 설명하고 의사에게 정밀 검진을 의뢰하는 임상적 접근 방식이다.

- 기본 가정: "조직 어딘가에 문제가 있는 것은 확실하나, 정확히 무엇이 잘못되었는지 모르니 전문가인 당신이 진단하고 고쳐달라"는 위임의 정서가 강하게 작용한다.
- 컨설턴트의 역할: 조직 전반을 면밀히 관찰하고 진단 도구를 활용하여 문제의 근원을 찾아낸다(Diagnosis). 이후 분석된 데이터를 바탕으로 조직 체질 개선을 위한 전략적 대안을 처방(Prescription)한다.

• 교육 현장 사례

- "지방 대학의 위기 속에서 우리 대학의 중도 탈락률이 급증하고 있습니다. 무엇이 문제인지 정밀하게 진단하고 대응책을 마련해 주십시오."
- "부서 간 협업이 이루어지지 않아 성과가 저하되고 있습니다. 조직 문화의 어떤 지점에서 병목 현상이 발생하는지 분석해 주십시오."
- 비판적 고찰: 환자가 의사의 처방을 불신하거나 약 복용을 거부하면 치료가 불가능하듯, 컨설턴트의 진단 결과에 대해 구성원들이 심리적 저항을 보이거나 실행을 회피할 경우 프로젝트는 공허한 보고서로 끝날 수 있다. 또한 의뢰인의 수동적 태도로 인해 문제 해결의 주도권이 외부에 머물게 된다는 한계가 있다.

3. 프로세스 자문가 역할: 변화의 촉진

현대 교육 컨설팅 및 조직 개발(OD)에서 가장 지향하는 고차원적 역할이다. 에드가 셰인(Edgar Schein)은 이를 "클라이언트가 자신의 주변 환경 및 인간관계 속에서 일어나는 일련의 과정을 스스로 인지하고, 이해하며, 이를 바탕으로 스스로 대처할 수 있도록 돕는 일련의 활동"으로 정의했다.

- 기본 가정: 문제에 대한 정답은 외부의 전문가가 아닌, 현장을 가장 잘 아는 클라이언트 내부에 존재한다는 믿음에서 출발한다. 컨설턴트는 그 정답을 끌어올리는 마중물 역할을 수행한다.
- 컨설턴트의 역할: '무엇(Content)'을 줄 것인가보다 '어떻게(Process)' 상호작용하게 할 것인가에 집중한다. 질문, 경청, 촉진(Facilitation), 피드백을 통해 구성원들이 직접 문제를 진단하고 해결책을 설계하게 함으로써 조직의 학습 능력과 자생적 문제 해결 역량을 극대화한다.

- **교육 현장 사례**
- "수평적 조직 문화를 구축하기 위해 전 직원이 참여하는 타운홀 미팅의 촉진자(Facilitator)가 되어 주십시오."
- "학교의 미래 비전을 교사들이 주도적으로 수립할 수 있도록 비전 수립 워크숍 과정을 설계하고 운영해 주십시오."
- 핵심적 가치: 해결책 수립 과정에 구성원들이 직접 참여함으로써 실행에 대한 강력한 오너십(Ownership)이 형성된다. 컨설턴트가 떠난 후에도 조직은 스스로 진화하는 '학습 조직'으로 거듭나게 된다.

4. 역할의 역동적 통합

성공적인 교육 컨설팅은 특정 모형에만 고착되지 않고, 프로젝트의 생애주기에 따라 세 가지 역할을 유연하게 통합하는 '상황적 유연성'을 발휘할 때 달성된다. 프로젝트 초기에는 '의사'로서 냉철하게 데이터를 분석하고, 해결책의 기틀을 잡을 때는 '전문가'로서 최신 트렌드를 제공하며, 실제 실행과 정착 단계에서는 '프로세스 자문가'로서 구성원들의 마음을 움직여야 한다.

◆ 〈표 3-1〉 컨설턴트의 역할 모형 비교

구분	전문가 모형 (Expert)	의사-환자 모형 (Doctor)	프로세스 자문가 모형 (Process)
문제의 소유	클라이언트가 명확히 인지	클라이언트가 위임	공동 소유 (함께 고민)
컨설턴트의 행동	정보 제공, 강의, 대행	진단, 처방, 지시	질문, 경청, 촉진, 피드백
클라이언트의 태도	정보 수용자 (구매자)	치료 대상 (환자)	적극적 참여자 (파트너)
목표	과업의 완수	증상의 제거	문제 해결 역량의 향상

Prof's Insight. 물고기를 잡는 법을 가르쳐라

초보 컨설턴트는 자신의 지식을 뽐내고 싶은 마음에 자꾸 '전문가 역할'만 하려 합니다. 빨리 답을 주고 박수받고 싶기 때문입니다.

하지만 교육 컨설팅의 진정한 가치는 '프로세스 자문가' 역할에 있습니다. 당장은 답답하고 느려 보여도, 클라이언트가 스스로 고민하고 답을 찾게 기다려주는 것. 그것이 바로 교육(Education)의 본질과 맞닿아 있기 때문입니다.

"정답을 주는 사람은 기술자이지만, 질문을 던지는 사람은 스승입니다."

📋 제2절. 컨설턴트의 핵심 역량 (KSA 모델)

앞서 컨설턴트가 수행해야 할 다양한 역할에 대해 논의했다면, 이제는 그 역할을 성공적으로 수행하기 위해 갖추어야 할 실질적인 '무기'를 점검할 차례다.

교육 컨설팅은 고도의 지적 노동이자 대인 관계 기술이 요구되는 복합적인 직무다. 따라서 컨설턴트의 역량을 단순히 '많이 아는 것'으로 한정해서는 안 된다. 본 절에서는 HRD 분야에서 널리 통용되는 KSA 모델(Knowledge, Skill, Attitude)을 차용하여 교육컨설턴트의 핵심 역량을 체계적으로 규명한다.

1. 지식 (Knowledge): 전문성의 토대 (Head)

컨설턴트가 보유해야 할 지식은 단순한 정보의 나열이 아니라, 문제를 인식하고 구조화하는 '인지적 프레임워크'이다. 이는 자신의 전공 분야에 대한 깊이 있는 '내용 지식'과 클라이언트의 비즈니스 생태계를 이해하는 '맥락 지식'으로 구분된다.

- **내용 지식** (Content Knowledge)

  교육학적 전문성 : 교수설계 이론(ISD), 학습 심리학, 교육 평가, 성인 학습 이론 등 교육 전문가로서 마땅히 갖춰야 할 전공 지식이다. 이는 일반 경영 컨설턴트와 차별화되는 교육컨설턴트만의 강력한 무기다.

  경영 및 조직 이론 : 조직 행동론(OB), 인적 자원 관리(HRM), 전략 기획 등 조직의 작동 원리에 대한 이해가 필수적이다. 교육은 진공 상태가 아닌 조직 안에서 이루어지기 때문이다.

- **맥락 지식** (Context Knowledge)

  산업 도메인 지식 : 의뢰인이 속한 산업(예: 반도체, 금융, 공공 행정 등)의 특성과 트렌드를 이해해야 한다. 산업의 언어를 모르면 클라이언트와 대화가 통하지 않는다.

조직 정치 및 문화 : 조직 내 의사결정 구조, 파워 게임, 암묵적인 규칙 등을 읽어내는 '정치적 문해력(Political Literacy)'이 포함된다.

2. 기술 (Skill): 수행의 도구 (Hand)

지식을 실제 문제 해결에 적용할 수 있는 구체적인 기술이다. 이는 훈련과 반복을 통해 습득할 수 있다.

- **진단 및 분석 기술** (Analytical Skill)

  SPSS, R, Python 등을 활용한 정량 데이터 분석 능력과 인터뷰, FGI를 진행하고 해석하는 정성적 분석 능력을 포함한다. 현상(Data)에서 통찰(Insight)을 뽑아내는 핵심 기술이다.

- **논리적 사고 및 문제 해결 기술** (Logical Thinking)

  문제를 구조화(MECE)하고, 가설을 수립하며, 논리적 완결성을 갖춘 해결책을 설계하는 능력이다. 소위 '컨설턴트의 뇌 구조'를 만드는 기술이다.

- **소통 및 퍼실리테이션 기술** (Communication & Facilitation)

  문서 작성(Documentation) : 복잡한 내용을 간결하고 설득력 있는 보고서(PPT, Word)로 시각화하는 능력.

  프레젠테이션(Presentation) : 청중을 사로잡고 의사결정을 이끌어내는 발표 능력.

  퍼실리테이션(Facilitation) : 회의나 워크숍에서 구성원들의 참여를 유도하고 합의를 도출하는 진행 능력.

3. 태도 (Attitude): 전문가의 품격 (Heart)

지식과 기술이 엔진이라면, 태도는 핸들과 같다. 아무리 뛰어난 능력이 있어도 태도가 잘못되면 프로젝트는 엉뚱한 곳으로 가거나 전복된다.

- **윤리 의식과 진정성** (Integrity)

클라이언트의 이익을 최우선으로 하되, 교육적 가치와 양심을 타협하지 않는 정직함이다. 자신의 이익을 위해 불필요한 컨설팅을 제안하지 않는 태도가 포함된다.

- **학습 민첩성 (Learning Agility)**

  새로운 지식과 변화하는 환경을 빠르고 유연하게 학습하려는 자세다. "내가 아는 것이 전부가 아니다"라는 겸손함(Intellectual Humility)을 바탕으로 한다.

- **서비스 마인드와 공감 (Empathy)**

  컨설팅은 결국 '서비스업'이다. 의뢰인의 고충을 진심으로 이해하고 도우려는 따뜻한 마음가짐이 라포(Rapport) 형성의 시작점이다.

Prof's Insight. T자형 인재를 넘어서

과거에는 한 분야를 깊게 파는 'I자형 인재'가 각광받았고, 이후에는 넓은 지식까지 겸비한 'T자형 인재'가 요구되었습니다. 하지만 교육컨설턴트는 'π(파이)자형 인재'가 되어야 합니다.

[그림 3-1] 교육컨설턴트의 π(파이)자형 인재 모델

한쪽 다리는 '교육학적 깊이'
다른 쪽 다리는 '비즈니스(현장) 감각'
그리고 이 둘을 연결하는 '소통 능력'
이 두 다리가 튼튼하게 땅을 딛고 서 있을 때, 비로소 흔들리지 않는 전문가가 될 수 있습니다. 여러분의 두 다리는 튼튼합니까?

제3절. 컨설팅 커뮤니케이션: 라포 형성과 갈등 관리

컨설팅의 성패는 분석의 정교함 못지않게 의뢰인과의 '신뢰 관계(Trust Relationship)'에 의해 좌우된다. 아무리 훌륭한 해결책이라도 의뢰인이 마음을 열지 않으면 그저 공허한 메아리에 불과하기 때문이다. 따라서 컨설턴트는 탁월한 분석가이자 동시에 노련한 '관계 전문가'여야 한다.

본 절에서는 컨설팅의 윤활유가 되는 라포 형성 전략과 필연적으로 발생하는 저항 및 갈등을 관리하는 기법을 다룬다.

1. 라포(Rapport) 형성: 심리적 계약의 체결

라포란 '마음이 서로 통한다'는 뜻의 심리적 신뢰 관계를 의미한다. 이는 공식적인 과업 계약서(Contract) 이전에 체결되어야 할 보이지 않는 '심리적 계약(Psychological Contract)'과도 같다.

1) 공감적 경청 (Empathic Listening)

라포 형성의 첫 단추는 '잘 들어주는 것'이다. 클라이언트는 자신의 문제 때문에 불안해하거나 예민해져 있을 가능성이 높다. 이때 컨설턴트는 사실 정보(Fact)뿐만 아니라, 그 이면에 숨겨진 감정(Feeling)과 욕구(Needs)까지 읽어내는 '공감적 경청'을 해야 한다.

- 전략 : 상대방의 말을 중간에 끊지 않고, "그렇군요", "많이 힘드셨겠습니다"와 같은 추임새(Back-channeling)와 비언어적 제스처(눈 맞춤, 고개 끄덕임)를 적극 활용한다.

2) 전문적 신뢰와 초기 성공 경험 (Early Win)

인간적인 호감만으로는 부족하다. "이 사람에게 맡기면 해결되겠구나"라는 '전문적 신뢰'가 동반되어야 한다. 이를 위해 프로젝트 초기에 작지만 가시적인 성과(Quick Win)를 보여주어 효능감을 심어주는 것이 중요하다.

- 전략 : 복잡한 문제를 명쾌하게 요약해 주거나, 당장 해결 가능한 사소한 불편 사항을 즉시 개선해 주는 것이 도움이 된다.

3) 주파수 맞추기 (Pacing & Leading)

의뢰인의 언어 습관, 업무 속도, 의사소통 스타일에 컨설턴트가 자신을 맞추는 것이다. 상대방의 호흡에 먼저 맞춘(Pacing) 후에야 비로소 내가 원하는 방향으로 이끌(Leading) 수 있다.

2. 변화에 대한 저항(Resistance) 관리

컨설팅은 필연적으로 '변화'를 수반하며, 모든 변화에는 관성(Inertia)에 의한 '저항'이 따르기 마련이다. 저항을 '비협조'나 '방해'로 인식하고 비난하면 관계는 파국으로 치닫는다.

1) 저항의 원인 분석

사람들이 변화에 저항하는 이유는 다양하다.
- 통제감 상실의 두려움: 자신의 업무 방식이나 권한이 바뀔까 봐 두려워한다.
- 불확실성: 컨설팅 결과가 자신에게 이득이 될지 손해가 될지 모르는 불안감이다.
- 체면 손상: 외부 전문가의 개입 자체를 자신의 무능력을 드러내는 것으로 받아들이기도 한다.

2) 저항 관리 전략: 참여와 투명성

- 저항의 공론화: 저항하는 감정을 억누르지 않고 표현하게 해야 한다. "불안하신 점이 무엇입니까?"라고 묻고, 그 우려가 타당함을 인정해 줄 때 저항은 누그러진다.
- 참여 유도: 해결책을 설계하는 과정에 저항 세력을 참여시킨다. 자신이 만든 결정에는 반대하기 어렵다(Ikea Effect).
- 투명한 정보 공유: 진행 과정과 예상되는 결과를 숨기지 않고 공유하여 불확실성을 제거한다.

3. 갈등 조정과 협상 (Conflict Management)

컨설팅 과정에서는 경영진과 실무진, 교장과 교사, 본사와 지사 등 다양한 이해관계자(Stakeholder) 간의 갈등이 표출된다. 이때 컨설턴트는 중립적인 '제3의 조정자(Mediator)' 역할을 수행해야 한다.

1) 갈등을 보는 관점의 전환

갈등을 '제거해야 할 악'이 아니라, '더 나은 해결책을 찾기 위한 에너지'로 바라봐야 한다. 건강한 갈등은 문제의 본질을 드러내고 창의적인 대안을 도출하는 계기가 된다.

2) 원칙 중심의 협상 (Principled Negotiation)

하버드 협상 프로젝트의 피셔와 유리가 제안한 원칙을 적용한다.

- 사람과 문제를 분리하라 : 상대를 비난하지 말고 문제 자체에 집중한다.
- 입장(Position)이 아닌 욕구(Interests)에 초점을 맞춰라 : "A안을 원한다"는 주장 이면에 숨겨진 "왜 A안을 원하는가?"를 파악하면, 양측을 모두 만족시키는 제3의 대안(Win-Win)을 찾을 수 있다.

Prof's Insight. 입은 하나, 귀는 둘입니다.

컨설팅을 처음 시작하는 제자들이 범하는 가장 큰 실수는 '너무 말을 많이 하는 것'입니다. 자신의 지식을 뽐내고 싶어서, 혹은 침묵이 어색해서 의뢰인에게 쉴 새 없이 설명을 쏟아냅니다.

하지만 기억하십시오. 컨설팅의 황금 비율은 듣기 70%, 말하기 30%입니다. 의뢰인이 스스로 말하게 하십시오. 그들이 쏟아내는 하소연 속에 문제의 진짜 원인과 해결의 실마리가 모두 숨겨져 있습니다. 잘 듣는 것이 최고의 설득입니다.

제4절. 컨설팅 윤리 강령 및 직업적 책무성

교육 컨설팅은 의뢰인(학교, 기업, 개인)의 문제에 깊숙이 개입하여 영향력을 행사하는 과정이다. 잘못된 진단이나 비윤리적인 해결책은 한 사람의 인생을 망치거나, 교육 조직의 문화를 회복 불가능한 상태로 만들 수 있다.

따라서 컨설턴트에게 높은 윤리 의식은 선택이 아닌 '직업적 생존을 위한 필수 조건'이다. 본 절에서는 국제적인 컨설팅 윤리 기준을 교육적 맥락에 맞게 재구성하여 4대 핵심 윤리 강령으로 제시한다.

1. 비밀 유지의 의무 (Confidentiality)

컨설턴트는 의사나 변호사와 마찬가지로, 직무 수행 중 알게 된 의뢰인의 정보를 제3자에게 누설해서는 안 된다.

- 정보 보호의 범위 : 조직의 경영 데이터, 내부 갈등 상황, 학생 및 학부모의 개인 정보, 성적 데이터 등 프로젝트와 관련된 모든 정보가 포함된다.
- 사례 : 학교 폭력 사안에 대한 컨설팅 중 알게 된 가해/피해 학생의 신상 정보를 외부 강의에서 무심코 예시로 드는 행위는 심각한 윤리 위반이다.
- 예외 : 단, 해당 정보가 법률을 위반하거나, 타인의 신체나 생명에 명백한 위험을 초래한다고 판단될 경우(예: 아동 학대 징후 발견)에는 관련 기관에 신고할 의무가 비밀 유지보다 우선한다(Tarasoff Principle 적용).

2. 전문성의 한계 인정과 정직성 (Integrity & Competence)

자신의 능력 범위를 정확히 알고, 수행 불가능한 과업은 정중히 거절하거나 적임자에게 연계해야 한다.

- 과장 광고 금지 : "3개월 만에 전교 1등 보장", "조직 몰입도 200% 상승"과 같이 검증되지 않은 결과를 확약하여 계약을 유도해서는 안 된다. 교육의 성과는 다양한 변

인에 의해 결정되므로, 컨설턴트는 '결과'가 아닌 '과정의 전문성'을 약속해야 한다.

- 자격의 명시 : 자신이 보유한 학위, 자격증, 경력을 사실 그대로 밝혀야 하며, 이를 부풀려 의뢰인을 기만해서는 안 된다.

3. 이해 상충 방지와 중립성 (Conflict of Interest)

컨설팅 과정에서 컨설턴트의 사적 이익이 의뢰인의 이익과 충돌하는 상황을 철저히 배제해야 한다.

- 벤더 중립성 (Vendor Neutrality) : 특정 교재, 기자재, 소프트웨어 업체와 유착되어, 불필요한 제품 구매를 유도하기 위한 수단으로 컨설팅을 악용해서는 안 된다. 해결책은 오직 '교육적 타당성'에 근거해야 한다.
- 이중 관계 금지 : 의뢰인과 금전적 거래 외에 사적인 친밀한 관계나 적대적 관계가 형성되어, 객관적인 진단을 방해해서는 안 된다.

4. 사회적 책무성과 교육적 가치 수호 (Social Responsibility)

일반 경영 컨설턴트가 이윤 추구를 돕는다면, 교육컨설턴트는 '교육의 공공성'과 '인간 존중'의 가치를 지켜야 할 의무가 있다.

- 비교육적 요구에 대한 거부 : 의뢰인이 교육적으로 바람직하지 않은 요구(예: 특정 학생 차별, 입시 실적을 위한 편법 운영 등)를 할 경우, 컨설턴트는 전문가로서 이를 단호히 거부하고 올바른 방향을 제시해야 한다.
- 공익 기여 : 자신이 가진 전문성을 활용하여 소외 계층이나 열악한 교육 환경을 개선하는 데 기여하려는 노블레스 오블리주(Noblesse Oblige) 정신을 가져야 한다.

Prof's Insight. 윤리는 '타협'의 대상이 아닙니다.

현장에 나가면 수많은 유혹에 흔들릴 것입니다. "이번 한 번만 눈감아 주면 다음 프로젝트도 챙겨줄게.", "이 교재가 좋다고 보고서에 한 줄만 써줘."

이때 여러분을 지켜주는 것은 화려한 스펙이 아니라, 단단한 '직업 윤리'입니다. 신뢰를 쌓는 데는 10년이 걸리지만, 무너지는 데는 1분이 채 걸리지 않습니다. "나는 교육 전문가다"라는 자존심, 그것이 바로 여러분이 지켜야 할 마지막 선입니다.

Workbook 3-1. 나만의 컨설턴트 KSA 레이더 차트

⊙ 활동 목표

자신의 현재 역량 수준을 객관적으로 진단하고 부족한 부분을 파악합니다.

⊙ 구성

- 지식(K):교수설계, 학습심리, 산업 도메인 지식 등.
- 기술(S):데이터 분석(SPSS 등), 논리적 사고, 프레젠테이션 등.
- 태도(A):윤리 의식, 학습 민첩성, 공감 능력 등.

⊙ 활동

위 항목들을 5점 척도의 육각형/원형 레이더 차트로 그리고, 가장 부족한 역량을 어떻게 보완할지 액션 플랜 작성하기.

Workbook 3-2. 저항 관리 지도

⊙ 활동 목표

- 변화에 저항하는 이해관계자를 분석하고 대응 전략을 수립합니다.

⊙ 구성

- 저항 세력 식별 : 누가 저항하고 있는가? (예: 고참 교사, 행정실장 등)
- 원인 분석 : 그들은 왜 저항하는가? (통제감 상실, 불확실성, 체면 손상 중 선택).
- 대응 전략 : 참여 유도, 투명한 정보 공유, 공감적 경청 중 어떤 카드를 쓸 것인가?

심화 토론

│ 주제 1. 전문가의 답 vs 프로세스 자문 (Role Flexibility)

⊙ 상황

클라이언트(학교장)가 "시간이 없으니 그냥 교수님이 정답을 알려주세요. 시키는 대로 하겠습니다."라고 강력하게 요구합니다. 하지만 당신이 진단했을 때, 구성원들의 합의 없이는 실패할 것이 뻔한 상황입니다.

⊙ 발제

- 이때 당신은 '전문가 역할'로서 신속한 답을 줄 것인가, 아니면 반발을 무릅쓰고 '프로세스 자문가'로서 워크숍을 제안할 것인가?. 초보 컨설턴트가 빠지기 쉬운 함정을 고려하여 토론해 봅시다.

▍주제 2. 비밀 유지와 알 권리의 충돌

⊙ 상황

- 당신은 A학교의 조직 문화 컨설팅 중, 특정 부장 교사가 심각한 따돌림을 주도하고 있다는 사실을 알게 되었습니다. 의뢰인인 이사장(클라이언트)은 "문제의 원인이 되는 사람을 콕 집어서 명단을 달라"고 요구합니다.

⊙ 발제

- 컨설턴트의 '비밀 유지 의무'와 클라이언트의 이익 및 조직 개선이라는 '목표 달성'사이에서 어떻게 행동해야 할까요? 타라소프 원칙(Tarasoff Principle)의 적용 범위는 어디까지일까요?

▍주제 3. 이해 상충과 벤더 중립성

⊙ 상황

- 당신이 개발에 참여하여 로열티를 받는 아주 훌륭한 교육 프로그램이 있습니다. 컨설팅 결과, 이 학교에 그 프로그램이 가장 적합하다는 결론이 났습니다.

⊙ 발제

- 이 프로그램을 추천하는 것은 '전문가적 양심'인가요, 아니면 '이익 추구'인가요? '벤더 중립성'을 지키면서도 최적의 솔루션을 제공하려면 어떻게 커뮤니케이션해야 할까요?

제2부

–

교육 컨설팅의 역사와
발달 과정

제4장 교육 컨설팅의 주요 모형

제1절. 수행공학(HPT) 모형 : 과학적 문제 해결의 정수

교육컨설턴트가 현장에서 가장 자주 마주치는 딜레마가 있다. 클라이언트가 "우리 직원들 일하는 게 엉망이니 정신 교육 좀 시켜주세요"라고 의뢰했는데, 막상 들여다보면 낡은 컴퓨터나 불합리한 보상 체계가 문제인 경우다. 이때 교육만 시키는 것은 배 아픈 환자에게 빨간약만 발라주는 것과 같다.

수행공학(HPT : Human Performance Technology)은 바로 이러한 오류를 막기 위해 등장했다. 이는 인간의 수행(Performance) 문제를 해결하기 위해 교육뿐만 아니라 환경, 도구, 시스템 등 다양한 요인을 체제적(Systemic)으로 분석하고 처방하는 과학적 접근 방식이다.

1. HPT의 기본 철학 : "교육은 만병통치약이 아니다"

HPT는 '교육(Education)' 그 자체가 목적이 아니라, 교육을 통해 달성하고자 하는 '성과(Performance)'를 목적으로 한다. 따라서 HPT 관점을 가진 컨설턴트는 다음과 같은 철학을 견지한다.

- 성과 지향성 : "무엇을 가르쳤느냐"보다 "무엇이 달라졌느냐(결과)"가 중요하다.
- 시스템적 접근 : 개인의 문제는 개인만의 잘못이 아니라, 그를 둘러싼 환경(Environment)과의 상호작용 결과다.
- 데이터 기반 : 직관이 아닌 객관적인 데이터(Data)로 성과 격차를 입증한다.

2. 길버트(Gilbert)의 행동공학모형(BEM) : 원인의 해부

수행공학의 선구자 토마스 길버트(Thomas Gilbert)는 성과에 영향을 미치는 요인을 개인적 차원과 환경적 차원으로 나누어 행동공학모형(BEM : Behavior Engineering Model)을 제시했다. 이는 컨설턴트가 문제의 원인을 진단할 때 사용하는 가장 강력한 도구다.

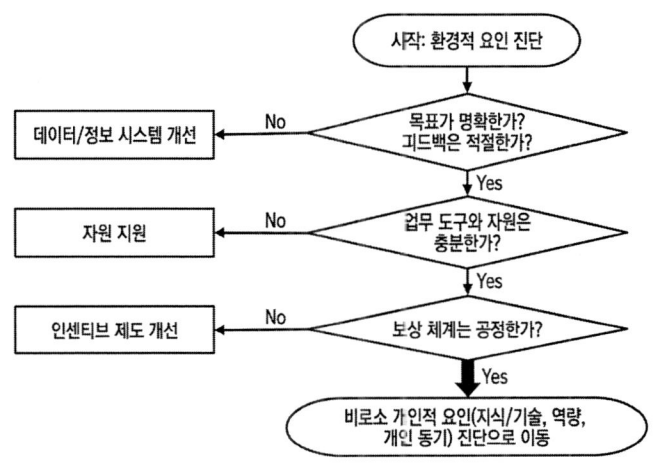

[그림 4-1] 길버트의 행동공학고형(BEM)진단 플로우차트

- 컨설팅의 시사점 : 길버트는 수행 문제의 75% 이상이 환경적 요인(1, 2, 3번)에서 기인한다고 주장했다. 즉, 교육(4번)은 나머지 환경적 요인이 갖춰진 뒤에 고려해야 할 솔루션이라는 것이다.

3. ISPI(국제수행향상협회)의 HPT 프로세스 모형

전 세계 수행공학 전문가들의 표준이 되는 ISPI 모형은 문제 해결의 논리적 절차를 다음과 같이 안내한다.

⊙ **1단계 : 수행 분석 (Performance Analysis)**

컨설팅의 시작점이다. '바람직한 상태(Should be)'와 '현재 상태(As is)'의 차이를 '격차

(Gap)'로 정의하고 이를 정량화한다.

- 예 : "영업 목표는 100억인데(바람직한 상태), 현재 실적은 70억이다(현재 상태).
  →30억의 격차 발생."

⊙ 2단계 : 원인 분석 (Cause Analysis)

규명된 격차가 '왜' 발생했는지 분석한다. 이때 앞서 언급한 BEM 등을 활용하여 원인이 지식 부족인지(Know-how), 아니면 동기 부족(Want-to)이나 환경 미비(System)인지 파악한다.

⊙ 3단계 : 해결책 선정 및 설계 (Intervention Selection & Design)

원인에 맞는 최적의 처방(Intervention)을 매칭한다. HPT에서는 이를 크게 두 가지로 구분한다.

- 교육적 개입(Instructional Intervention) : 강의, e-러닝, 워크숍, 멘토링 등 (원인이 지식/기술 부족일 때)
- 비교육적 개입(Non-instructional Intervention) : 직무 재설계, 성과급 제도 개선, 매뉴얼 제공, 조직 문화 캠페인, 도구 교체 등 (원인이 환경/동기일 때)

⊙ 4단계 : 실행 및 변화 관리 (Implementation & Change Management)

해결책을 현장에 적용하며, 이 과정에서 발생하는 저항을 관리한다.

⊙ 5단계 : 평가 (Evaluation)

해결책이 실제로 성과 격차를 줄였는지 확인하고(ROI 측정 등), 지속적인 개선을 도모한다.

Prof's Insight. 망치를 든 사람에게는 모든 것이 못으로 보인다

심리학자 매슬로우의 말처럼, 여러분이 가진 도구가 '교육(망치)' 하나뿐이라면, 세상의 모든 문제(못)를 교육으로만 해결하려 들 것입니다.

하지만 HPT 모형을 장착한 컨설턴트는 '맥가이버 칼'을 가진 전문가와 같습니다.

어떤 문제는 교육으로(칼), 어떤 문제는 보상 체계 개선으로(드라이버), 어떤 문제는 도구 교체로(가위) 해결할 줄 아는 유연함.

그것이 바로 '교육 담당자'와 '교육 컨설턴트'를 가르는 결정적 차이입니다.

제2절. 조직개발(OD) 모형 : 조직 문화와 변화 관리

수행공학(HPT)이 성과 격차를 줄이기 위한 '시스템과 구조'의 변화에 집중한다면, 조직개발(OD : Organization Development)은 그 시스템을 움직이는 '사람과 문화'에 초점을 맞춘다. 아무리 훌륭한 전략이나 시스템도 그것을 실행하는 구성원들의 마음이 움직이지 않으면 무용지물이기 때문이다.

본 절에서는 행동과학(Behavioral Science) 지식을 활용하여 조직의 건강성과 효율성을 높이는 OD의 철학과 핵심 모형을 살펴본다.

1. OD의 기본 철학 : "변화는 사람으로부터 시작된다"

조직개발은 조직을 기계적인 구조물이 아닌, 인간의 감정과 관계가 얽혀 있는 '사회 기술적 시스템(Socio-technical System)'으로 바라본다. 따라서 OD 컨설턴트는 다음과 같은 철학을 공유한다.

- 인본주의 (Humanism) : 인간은 본래 성장을 욕구하며, 적절한 환경이 주어지면 스스로 문제를 해결할 잠재력을 가지고 있다.
- 과정 지향성 (Process Orientation) : 결과물(What) 못지않게, 그 결과를 만들어가는 과정(How)과 구성원 간의 상호작용이 중요하다.
- 계획된 변화 (Planned Change) : 우발적인 변화가 아니라, 조직 전체 차원에서 의도적이고 장기적으로 설계된 변화를 추구한다.

2. 쿠르트 레빈(Kurt Lewin)의 변화 관리 3단계 모형

사회심리학자이자 OD의 아버지인 쿠르트 레빈은 조직의 변화가 '해빙(Unfreezing) - 변화(Moving) - 재동결(Refreezing)'의 3단계를 거쳐 일어난다고 설명했다. 이는 가장 고전적이지만, 오늘날까지도 모든 변화 관리(Change Management) 전략의 근간이 되는 모형이다.

⊙ **1단계 : 해빙기 (Unfreezing) – "녹이기"**

변화를 위해 기존의 신념, 관습, 태도를 허물고 새로운 변화를 받아들일 준비를 하는 단계다.

- 핵심 과업 : 구성원들에게 "지금 이대로는 안 된다"는 위기의식을 공유하고, 변화에 대한 저항을 감소시키는 것.
- 컨설턴트의 역할 : 데이터나 충격적인 피드백을 통해 현실을 직시하게 하고, 심리적 안전지대(Comfort Zone)를 흔들어 변화의 동기를 부여한다.
  예 : 학령인구 감소 데이터를 제시하며 교직원들에게 학교 혁신의 시급성을 설득하는 과정.

⊙ **2단계 : 변화기 (Moving / Changing) – "모양 만들기"**

실질적인 변화가 일어나는 단계로, 새로운 행동, 기술, 가치관을 학습하고 시도한다.

- 핵심 과업 : 새로운 시스템 도입, 직무 저설계, 교육 훈련 등을 통해 새로운 상태로 이동하는 것.
- 컨설턴트의 역할 : 변화의 비전을 제시하고, 구성원들이 새로운 방식에 적응할 수 있도록 교육, 코칭, 멘토링을 제공한다. 시행착오를 용인하는 문화를 조성하는 것이 중요하다.

⊙ **3단계 : 재동결기 (Refreezing) – "굳히기"**

변화된 상태가 다시 과거로 회귀하지 않도록 고착화(Stabilization)하는 단계다.

- 핵심 과업 : 변화된 행동이 조직의 새로운 문화로 자리 잡도록 제도화(Institutionalization)하는 것.
- 컨설턴트의 역할 : 새로운 행동에 대해 보상하거나, 규정 및 평가 시스템을 변경하여 변화를 지속시킨다. 이 단계가 없으면 조직은 탄성(Elasticity)에 의해 금세 옛날 모습으로 돌아간다.

3. 액션 리서치(Action Research) 모형

OD는 일회성 처방이 아니라 끊임없는 순환 과정이다. 액션 리서치 모형은 '진단 → 실행 → 평가 → 재진단'의 사이클을 통해 조직이 스스로 학습하고 진화하도록 돕는다.

- 진단 (Diagnosis) : 데이터 수집 및 문제 규명 (설문, 인터뷰 등)
- 피드백 (Feedback) : 진단 결과를 구성원과 공유하고 논의
- 계획 및 실행 (Action Planning & Intervention) : 해결책 수립 및 적용 (팀 빌딩, 워크숍 등)
- 평가 (Evaluation) : 실행 결과 분석 및 재진단을 위한 데이터 수집

Prof's Insight. 얼음은 깨는 게 아니라 녹이는 것입니다.

많은 리더와 초보 컨설턴트들이 '해빙기(Unfreezing)'를 소홀히 합니다.

얼어있는 조직(Ice)을 억지로 바꾸려(Change) 하면, 얼음이 깨지거나(조직 붕괴) 손을 다칩니다(갈등 폭발).

OD의 핵심은 '온도'를 높이는 것입니다. 구성원들의 마음이 충분히 녹을 때까지 소통하고 기다려주는 것.

논리(HPT)로 기획하고 감성(OD)으로 설득하십시오. 그래야 비로소 변화는 완성됩니다.

제3절. 성과기반(Performance-based) 컨설팅 모형

전통적으로 교육 부서나 컨설턴트는 "어떤 교육 과정이 필요한가?"를 고민했다. 리더십 교육이 유행하면 리더십 과정을, 4차 산업혁명이 뜨면 코딩 교육을 개설했다. 그러나 교육을 받았는데도 현장의 문제가 해결되지 않는 경우가 빈번했다.

성과기반 컨설팅(Performance Consulting)은 이러한 '활동(Activity)' 중심의 접근을 비판하며 등장했다. 이는 교육 그 자체보다 교육이 조직의 '비즈니스 목표(Business Goal)' 달성에 얼마나 기여했는지를 묻는 결과(Result) 중심의 모형이다.

1. 성과기반 컨설팅의 핵심 철학

로빈슨과 로빈슨(Robinson & Robinson)은 성과기반 컨설팅을 "사람과 성과에 관련된 문제를 해결하여 비즈니스 목표를 달성하도록 돕는 과정"으로 정의했다.

- 교육(Learning) ≠ 성과(Performance) : 직원이 무언가를 '배운 것'과 그것을 현업에 적용하여 '성과를 내는 것'은 별개의 문제다.
- 전략적 정렬(Strategic Alignment) : 모든 컨설팅 솔루션은 조직의 최상위 사업 목표와 논리적으로 연결(Align)되어야 한다.
- 파트너십(Partnership) : 컨설턴트는 교육을 주문받아 납품하는 '공급자'가 아니라, 경영진과 함께 성과 향상을 고민하는 '전략적 파트너'다.

2. GAPS 모형 : 성과 문제의 분석 프레임워크

성과기반 컨설팅을 수행하기 위해 로빈슨은 GAPS 모형을 제안했다. 이는 현장의 성과 격차를 체계적으로 분석하는 강력한 틀이다.

⊙ 1단계 : G (Go for / Should be) – 목표 상태 규경

조직이 도달하고자 하는 이상적인 모습을 정의한다.

- 비즈니스 목표(Business Goal) : 매출 증대, 고객 만족도 향상, 불량률 감소 등 조직

차원의 목표.
- 성과 요건(Performance Requirement) : 그 목표를 달성하기 위해 직원들이 현장에서 구체적으로 '무엇을 해야 하는가(Doing)'를 정의.

⊙ 2단계 : A (Analyze Actual / Is) − 현재 상태 분석

현재 조직에서 실제로 일어나고 있는 현상을 파악한다.
- 현재 비즈니스 성과 : 현재의 매출, 불량률, 고객 클레임 건수 등.
- 현재 수행 수준 : 직원들이 지금 현장에서 실제로 어떻게 행동하고 있는가.

⊙ 3단계 : P (Pinpoint Cause) − 원인 규명

'목표(G)'와 '현재(A)' 사이의 격차(Gap)가 왜 발생했는지 원인을 찾는다.
- 환경적 요인 (External) : 불명확한 목표, 도구 및 자원 부족, 보상 시스템 미비 등.
- 개인적 요인 (Internal) : 지식 및 기술 부족, 동기 결여, 적성 불일치 등.

(HPT의 원인 분석과 유사하지만, 비즈니스 맥락을 더 강조함)

⊙ 4단계 : S (Select Solution) − 해결책 선정

원인에 따른 최적의 솔루션을 매칭한다.
- 지식/기술의 문제라면 → 교육적 솔루션 (Training)
- 환경/제도의 문제라면 → 비교육적 솔루션 (Work Environment)

3. 전통적 접근 vs. 성과기반 접근 비교

컨설턴트가 어떤 마인드를 가지느냐에 따라 질문과 결과가 달라진다.

◈ 〈표 4-1〉 교육 훈련 접근 vs. 성과기반 컨설팅 접근

구분	전통적 교육 훈련 접근	성과기반 컨설팅 접근
핵심 질문	"어떤 교육 과정이 필요한가?"	"해결해야 할 비즈니스 문제는 무엇인가?"
관심 초점	학습 목표	성과 목표
컨설턴트 역할	주문 접수자 (Order-taker)	전략적 파트너 (Strategic Partner)
결과물	교육 프로그램, 교재, 수료증	성과 향상, 문제 해결, 비즈니스 임팩트
평가 기준	만족도, 학업 성취도	현업 적용도, ROI, 비즈니스 기여도

Prof's Insight. '웨이터'가 될 것인가, '의사'가 될 것인가?

전통적인 교육 담당자는 고객이 주문하는 대로 음식을 나르는 '웨이터(Order-taker)'와 같았습니다.

"리더십 교육 하나 주세요" 하면 "네, 여기 있습니다" 하고 내어주었죠. 맛(만족도)만 좋으면 그만이었습니다.

하지만 성과 컨설턴트는 '의사(Doctor)'와 같습니다.

환자가 "두통약 주세요"라고 해도, 바로 주지 않습니다. "머리가 언제부터 아프셨나요? 혹시 스트레스가 원인 아닐까요?"라고 묻고 진단합니다. 때로는 약 대신 운동을 처방하기도 합니다.

여러분은 주문받는 웨이터가 되겠습니까, 문제를 치료하는 의사가 되겠습니까? 고객이 원하는 것(Want)이 아니라, 고객에게 진짜 필요한 것(Need)을 찾아내는 눈, 그것이 성과 컨설팅의 핵심입니다.

제4절. 학교 컨설팅(School Consulting) 특화 모형

학교는 공장이나 기업과는 다른 독특한 조직 생리를 가진다. 성과가 숫자로 명확히 드러나지 않고, 교사들은 각자의 교실에서 독립적인 권한을 행사한다. 이를 조직학에서는 '이완 결합 체제(Loosely Coupled System)'라고 부른다.

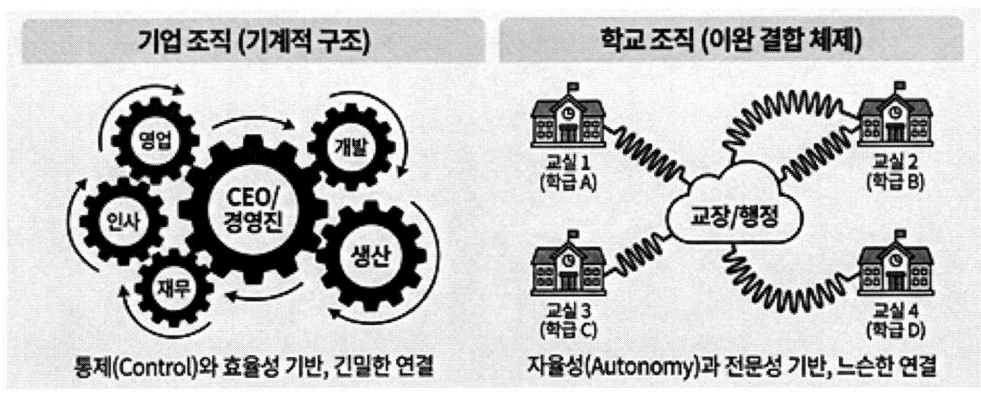

[그림 4-2] 학교 컨설팅의 '이완 결합 체제' vs 기업 조직 구조

따라서 학교 컨설팅은 효율성과 통제보다는, 교사의 '자발성(Voluntarism)'과 '전문성 신장'에 초점을 맞춘 특화된 모형이 적용되어야 한다.

1. 수업 컨설팅 모형 : 임상 장학의 현대적 진화

학교 컨설팅의 핵심은 결국 '수업'이다. 수업 컨설팅 모형은 과거의 '임상 장학(Clinical Supervision)'을 발전시킨 것으로, 교사의 수업 기술 향상을 위해 컨설턴트와 교사가 1 : 1로 밀착 협력하는 과정이다.

⊙ 1단계 : 사전 협의 (Pre-conference)

- 가장 중요한 단계다. 컨설턴트는 교사가 수업에서 고민하는 지점(예 : 발문 기법, 학생 참여 유도, 산만한 학생 지도 등)이 무엇인지 경청하고, 관찰할 초점을 합의한다.
- 핵심 : 교사를 평가하는 것이 아니라, 교사가 의뢰한 문제를 함께 해결한다는 신뢰를 형성해야 한다.

⊙ 2단계 : 수업 관찰 (Observation)

- 약속된 초점에 맞춰 수업을 관찰하고 객관적인 데이터(영상 촬영, 발언 빈도 체크리스트 등)를 수집한다. 주관적인 해석은 배제한다.

⊙ 3단계 : 사후 협의 (Post-conference)

- 수집된 데이터를 바탕으로 피드백을 주고받는다. 컨설턴트가 일방적으로 지적하는 것이 아니라, 교사 스스로 자신의 수업을 성찰(Reflection)하도록 질문을 던지는 것이 중요하다.

2. 단위 학교 문제 해결 모형 : 학교 조직 전체의 변화

특정 교사가 아닌, 학교 조직 전체의 문제(여 : 학교 폭력 예방, 민주적 학교 문화 조성, 고교학점제 교육과정 편성)를 해결하기 위한 모형이다.

⊙ 진단 중심의 문제 해결

- 학교의 현안을 분석하고, 교육 주체(교사, 학생, 학부모)의 요구를 수렴하여 학교 차원의 전략을 수립한다.

⊙ 실행 연구(Action Research) 기반

- '계획 → 실행 → 관찰 → 반성'의 순환 과정을 통해, 학교가 일회성 행사로 끝나는 것이 아니라 지속적으로 학습하는 조직(Learning Organization)이 되도록 지원한다.

3. 긍정 탐구(AI : Appreciative Inquiry) 모형

최근 학교 현장에서 각광받는 모형이다. 학교는 만성적인 업무 과중과 민원에 시달리며 무기력감에 빠져 있는 경우가 많다. 이때 "무엇이 문제인가?"를 파고들면 구성원들은 방어적으로 변하고 사기가 저하된다.

긍정 탐구 모형은 "우리 학교가 가장 잘했던 순간은 언제인가?"라는 질문을 통해 조직의 강점(Strength)과 성공 경험을 발굴하고, 이를 확산시켜 문제를 해결한다.

- 발견 (Discovery) : 우리 학교의 강점과 성공 사례 찾기 ("우리는 무엇을 잘하는가?")
- 꿈 (Dream) : 긍정적 미래 모습 상상하기 ("우리가 바라는 이상적인 학교는?")
- 설계 (Design) : 꿈을 실현하기 위한 구체적인 전략 수립
- 실현 (Destiny/Delivery) : 지속적인 실천과 문화 정착

> **Prof's Insight. 교실 문을 여는 열쇠는 '존중'입니다.**
>
> 교사에게 교실은 자신의 왕국이자 성역입니다. 그 문을 열고 들어가 수업을 컨설팅한다는 것은, 교사의 자존심을 건드리는 매우 예민한 작업입니다.
>
> 기업 컨설팅이 '수술(Surgery)'이라면, 학교 컨설팅은 '치유(Healing)'에 가깝습니다.
>
> "선생님, 이 부분이 틀렸습니다"라고 말하는 순간 마음의 문은 닫힙니다.
>
> "선생님의 이 시도는 정말 훌륭했습니다. 여기에 이것만 더하면 아이들이 더 좋아할 것 같은데, 어떻게 생각하세요?"
>
> 학교 컨설팅의 성공 비결은 첫째도 존중, 둘째도 존중입니다. 교사의 전문성을 인정해 줄 때, 비로소 변화는 시작됩니다.

Workbook 4-1. GAPS 모형 분석 시트

⊙ **활용**

- 가상의 기업이나 학교 사례를 주고 성과 문제를 분석하게 합니다.

⊙ **구성 항목**

- G (Goal / Should be) : 조직이 달성해야 할 비즈니스 목표와 성과 요건은 무엇인가?
- A (Analyze Actual / Is) : 현재 데이터로 확인된 실적과 직원들의 실제 수행 행동은 어떠한가?
- Gap (격차) : G와 A의 차이를 정량적 수치로 표현하시오.
- P (Pinpoint Cause) : 격차의 원인은 환경(도구, 제도)인가, 개인(지식, 동기)인가?
- S (Select Solution) : 교육적 개입과 비교육적 개입 중 무엇을 선택하겠는가?

Workbook 4-2. 긍정 탐구 4D 사이클 계획서

⊙ **활용**

- 침체된 학교 조직 문화를 가정하고, 이를 긍정적으로 변화시키기 위한 질문을 만드는 실습입니다.

⊙ **구성 항목 :**

- Discovery (발견) : "우리 조직이 가장 빛났던 순간은 언제인가?" 인터뷰 질문 만들기.
- Dream (꿈) : 긍정적 미래 모습을 묘사하는 문장 작성하기.
- Design (설계) : 꿈을 실현하기 위해 우리가 당장 시도할 수 있는 작은 전략은?.
- Destiny (실현) : 지속 가능한 문화로 만들기 위한 우리의 약속.

심화 토론

주제 1. 효율성(HPT)과 인간존중(OD) 사이의 균형

"본문에서는 수행공학(HPT)이 시스템과 효율을 강조하는 '과학적 접근'인 반면, 조직개발(OD)은 사람과 문화를 중시하는 '인본주의적 접근'이라고 설명합니다. 만약 여러분이 '단기간에 성과를 내야 하는 위기 상황의 기업'에 컨설턴트로 투입된다면, 두 모형 중 어느 쪽에 더 비중을 두겠습니까? 그리고 그 선택으로 인해 놓칠 수 있는 부작용은 무엇이며 어떻게 보완하겠습니까?"

주제 2. 학교 현장에서의 '해빙(Unfreezing)' 전략

"레빈의 변화 관리 모형에서 가장 중요한 것은 변화를 받아들일 준비를 하는 '해빙기'입니다. 하지만 학교는 교사의 자율성이 강하고 변화에 대한 피로도가 높은 조직입니다. 'Prof's Insight'에서 언급했듯, 얼음을 깨지 않고 녹이기 위해서는 구체적으로 학교 현장에서 어떤 소통 방식과 접근이 필요할까요? 교사의 자존심을 지키면서도 변화의 필요성(위기감)을 공유하는 구체적인 화법을 만들어 봅시다."

주제 3. 클라이언트의 요구 vs 컨설턴트의 전문성

"클라이언트가 명확하게 '최신 유행하는 AI 활용 교육을 해달라'고 요청했습니다. 하지만 여러분이 진단해본 결과, 진짜 문제는 AI 도구가 아니라 직원들의 낮은 직무 동기와 보상 체계였습니다. 이 상황에서 클라이언트의 기분을 상하게 하지 않으면서 '교육이 아닌 제도 개선'이 필요함을 설득하는 시나리오(Role-play)를 구상해 봅시다. '웨이터'가 아닌 '의사'로서 어떻게 진단을 전달하시겠습니까?"

제5장

컨설팅 수행 프로세스

제1절. 컨설팅 프로세스 모형 : ADDIE와 ISD의 확장

교육 전문가에게 ADDIE 모형(분석-설계-개발-실행-평가)은 어떤 교육 프로그램을 만들든 적용 가능한 만능키와 같다. 그러나 '교육 컨설팅'은 '교육 프로그램 개발'보다 훨씬 더 포괄적이고 복잡한 역학 관계를 다룬다.

단순히 교육 과정을 만드는 것이라면 '분석(Analysis)'부터 시작하면 되지만, 컨설팅은 분석을 하기 위해 고객을 만나고 계약을 맺는 과정이 선행되어야 하며, 실행 후에는 조직이 스스로 굴러가도록 지원하고 철수하는 과정이 필요하기 때문이다.

따라서 교육 컨설팅 프로세스는 기존의 교수체제설계(ISD) 모형을 기반으로 하되, 일반 경영 컨설팅의 프로세스(Entry → Diagnosis → Action → Termination)를 통합하여 확장된 형태로 이해해야 한다.

1. 왜 ADDIE만으로는 부족한가?

전통적인 ADDIE 모형은 '프로젝트가 이미 확정된 상태'를 가정하고 출발한다. 즉, "신입사원 교육을 개발하라"는 과업이 주어진 후의 절차다.

하지만 컨설턴트의 업무는 그 전 단계에서 시작된다.

- "우리 조직에 문제가 있는 것 같은데"라고 고민하는 의뢰인과 라포를 형성하고(진입)
- 이 문제가 교육으로 해결 가능한지 타진하여 과업 범위를 정하고(계약)

- 프로젝트가 끝난 후 의뢰인이 독립적으로 운영할 수 있도록 돕고 떠나는(종료) 과정이 필수적이다.

따라서 교육 컨설팅 프로세스는 ADDIE라는 '콘텐츠 제작 엔진'에, 컨설팅이라는 '비즈니스 차체'를 결합한 형태여야 한다.

2. 통합 교육 컨설팅 프로세스 5단계

본 서에서는 교육공학의 논리적 절차와 컨설팅의 실무적 절차를 결합하여 다음의 5단계 모형을 제시한다.

◈ 〈표 5-1〉 ADDIE 모형과 교육 컨설팅 프로세스의 비교 및 통합

단계	교육 컨설팅 프로세스	ADDIE / ISD 대응	핵심 과업 (Key Task)
1단계	진입 및 계약 (Entry & Contracting)	Pre-Analysis (분석 전 단계)	– 의뢰인 탐색 및 라포 형성 – 요구의 타당성 검토 – 과업 범위 합의 　(제안서 및 계약)
2단계	진단 및 분석 (Diagnosis & Analysis)	Analysis (분석)	– 조직 및 수행 문제 진단 – 데이터 수집 및 원인 규명 – 학습자 및 환경 분석
3단계	해결책 설계 및 개발 (Solution Design & Dev)	Design & Develop (설계 및 개발)	– 개입(Intervention) 전략 수립 – 교육/비교육 솔루션 개발 – 실행 계획(Action Plan) 수립
4단계	실행 및 변화 관리 (Implementation)	Implementation (실행)	– 솔루션 현장 적용 　(파일럿/본실행) – 변화에 대한 저항 관리 – 퍼실리테이션 및 모니터링
5단계	종료 및 평가 (Transition & Eval)	Evaluation (평가)	– 성과 측정 (ROI, 현업 적용도) – 문제 해결 역량 이양 　(Transfer) – 프로젝트 종료 및 철수

3. 단계별 확장의 의미

1) 진입 및 계약 : 관계의 시작

이 단계는 순수한 교육학적 활동이라기보다 '영업(Sales) 및 협상(Negotiation)'의 성격이 강하다. 컨설턴트는 자신의 전문성을 입증하고, 의뢰인이 가진 막연한 불안감을 해소하여 신뢰를 구축해야 한다. 여기서 실패하면 분석 단계로 넘어갈 수 없다.

2) 진단 및 분석 : 학습자 분석을 넘어 조직 진단으로

ADDIE의 분석이 주로 '학습자가 누구인가(Learner Analysis)'에 초점을 맞춘다면, 컨설팅의 진단은 '조직의 문제가 무엇인가(Organizational Diagnosis)'로 시야를 확장해야 한다. 개인의 역량뿐만 아니라 조직 구조, 문화, 보상 체계 등을 종합적으로 들여다본다.

3) 해결책 설계 : 교육과 비교육의 통합

설계의 결과물이 반드시 '교육 프로그램(Courseware)'일 필요는 없다. 원인 분석 결과에 따라 매뉴얼 제작, 평가 제도 개선, 캠페인 활동 등 '비교육적 솔루션'이 설계에 포함되어야 한다.

4) 종료 및 평가 : 이별을 위한 준비

단순히 교육 만족도를 조사하고 끝내는 것이 아니다. 의뢰인 조직이 컨설턴트 없이도 변화를 지속할 수 있는지 확인하고, 프로젝트의 성과를 경영진의 언어(비용 대비 효과 등)로 증명한 뒤, 공식적으로 관계를 종결(Termination)하거나 사후 관리 계약으로 전환한다.

> **Prof's Insight. '만드는 사람'에서 '해결하는 사람'으로**
>
> 여러분이 ADDIE만 알면 '교육 과정 개발자(Developer)'가 되지만,
> 앞단의 '진입'과 뒷단의 '종료'를 알면 '교육 컨설턴트(Consultant)'가 됩니다.
> 개발자는 "만들어 달라는 대로 잘 만드는 것"이 목표지만,
> 컨설턴트는 "이걸 왜 만들어야 하는지(Start)"와 "만들고 나서 무엇이 변했는지(End)"
> 를 책임지는 사람입니다.
> 여러분의 시야를 '책상 위(설계)'에서 '회의 테이블(계약)'로 넓히십시오.

제2절. 진입(Entry) 및 과업 계약(Contracting)

건축으로 치면 '설계도'를 그리기 전에 '어떤 집을 지을지' 건축주와 합의하는 단계다. 첫 단추를 잘못 끼우면, 아무리 훌륭한 옷(솔루션)을 만들어도 입을 수 없다.

컨설팅의 성패는 분석이나 실행 단계가 아니라, 사실상 이 초기 단계인 '진입과 계약'에서 70% 이상 결정된다고 해도 과언이 아니다.

1. 진입 (Entry) : 탐색과 관계 형성

진입은 의뢰인(Client)이 자신의 문제를 해결하기 위해 컨설턴트에게 처음 연락을 취하는 순간부터 시작된다. 이 단계의 핵심은 '이 문제가 컨설팅으로 해결 가능한가?'를 판단하고, 의뢰인과의 '신뢰(Rapport)'를 형성하는 것이다.

1) 진짜 의뢰인(Client) 식별하기

컨설턴트에게 전화를 건 사람(Contact Client)과 실제 의사결정권자(Ultimate Client)가 다른 경우가 많다.

- 예 : 교육 담당 대리(연락책) vs 인사 팀장(결정권자)
- 컨설턴트는 초기 미팅을 통해 이 프로젝트의 '진짜 주인'이 누구인지, 그리고 그가 무엇을 원하는지 파악해야 한다.

2) 표면적 문제 vs 근본적 욕구 파악

의뢰인은 대개 증상(Symptom)을 문제라고 착각한다.

- 의뢰인의 말 : "직원들 엑셀 실력이 부족해요. 엑셀 교육 좀 해주세요." (표면적 문제)
- 컨설턴트의 탐색 : (질문을 통해) "사실은 업무 처리 속도가 너무 늦어서 야근이 잦은 게 고민이시군요?" (근본적 욕구)

- 진입 단계에서 컨설턴트는 의뢰인의 호소를 경청하되, 그 이면에 숨겨진 진짜 니즈 (Real Needs)를 탐색해야 한다.

3) 적합성(Suitability) 판단

모든 의뢰를 수락하는 것이 능사는 아니다. 나의 전문성으로 해결할 수 없는 문제이거나, 의뢰인의 요구가 비윤리적일 경우 정중히 거절(Drop)하거나 다른 전문가를 연결(Referral)해야 한다.

2. 과업 계약 (Contracting) : 기대 수준의 합의

진입 단계를 통해 컨설팅을 수행하기로 결정했다면, 구체적인 조건들을 합의하는 '계약' 단계로 넘어간다. 여기서 계약은 법적인 서류 작업뿐만 아니라, 상호 간의 기대를 일치시키는 과정을 포함한다.

1) 행정적 계약 (Administrative Contract)

공식적인 문서(제안서, 계약서)를 통해 프로젝트의 물리적 조건을 확정하는 것이다.
- 기간 및 일정 : 시작일과 종료일, 중간 보고 시점.
- 비용(Budget) : 컨설팅 수수료 및 제반 비용 청구 방식.
- 산출물(Deliverables) : 최종적으로 무엇을 납품할 것인가? (예 : 결과 보고서 PDF 1식, 교육 교재 50부 등)

2) 심리적 계약 (Psychological Contract)

문서에 명시되지는 않지만, 컨설턴트와 의뢰인이 서로에게 기대하는 암묵적인 약속이다. 컨설팅의 성공은 이 심리적 계약의 품질에 달려 있다.
- 상호 기대 : "컨설턴트는 우리 조직의 비밀을 지켜줄 것이다", "의뢰인은 필요한 자료를 제때 제공할 것이다."
- 개방성 : "불편한 진실이라도 솔직하게 말해주기로 한다."

- 피터 블록(Peter Block)은 "심리적 계약이 깨지면, 행정적 계약이 아무리 완벽해도 프로젝트는 실패한다"고 강조했다.

3) 과업 범위(Scope)의 확정

가장 중요한 부분이다. 컨설팅을 하다 보면 의뢰인이 "이것도 좀 봐주세요"라며 범위를 슬금슬금 넓히는 '과업 범위의 변질(Scope Creep)'현상이 발생한다. 이를 막기 위해 '무엇을 안 할 것인가(Out of Scope)'를 명확히 정의해야 한다.

- 예 : "이번 컨설팅은 '진단'까지이며, 구체적인 '프로그램 개발'은 별도 계약 건입니다."

3. 성공적인 계약을 위한 체크리스트

계약서에 도장을 찍기 전, 컨설턴트는 다음 질문에 답할 수 있어야 한다.

- 목표의 명확성 : 프로젝트가 끝났을 때 어떤 상태가 되기를 바라는가? (성공의 이미지가 일치하는가?)
- 역할 분담 : 컨설턴트가 해야 할 일과 내부 담당자가 해야 할 일이 명확히 구분되었는가?
- 자원 지원 : 프로젝트 수행에 필요한 데이터 접근 권한과 인력 지원을 약속받았는가?

Prof's Insight. 거절할 수 있는 용기

초보 컨설턴트들은 일감을 따내는 데 급급해, 의뢰인의 모호하거나 무리한 요구를 "네, 다 해드리겠습니다" 하고 덜컥 계약해 버립니다. 이것은 '지옥문'을 여는 행위입니다. 나중에 가서 "이건 계약에 없던 거잖아요"라고 싸우거나, 감당 못할 업무량에 허덕이게 됩니다. 전문가는 "할 수 있는 것"과 "할 수 없는 것"을 명확히 말해주는 사람입니다. 계약 단계에서의 '건강한 까칠함'이 프로젝트의 평화를 지킵니다. 모호함과 타협하지 마십시오.

제3절. 진단(Diagnosis) 및 해결책 설계

의사가 환자의 배가 아프다고 해서 무조건 소화제를 주지 않는다. 식중독인지, 맹장염인지, 스트레스성인지 정확히 알아야 수술을 할지 약을 줄지 결정할 수 있다.

컨설팅의 진단(Diagnosis)은 현상의 이면에 숨겨진 '근본 원인(Root Cause)'을 데이터로 규명하는 과정이며, 설계(Design)는 그 원인을 제거할 최적의 '개입(Intervention)'전략을 수립하는 과정이다. 이 두 과정은 바늘과 실처럼 긴밀하게 연결되어야 한다.

1. 진단 (Diagnosis) : 근거 기반의 원인 규명

진단은 막연한 '감(Guestimate)'이 아니라 확실한 '증거(Evidence)'에 기반해야 한다.

1) 데이터 수집 및 분석 (Data Collection)

의뢰인과 합의된 과업 범위 내에서 현상 파악을 위한 데이터를 수집한다. 이때 한 가지 방법만 쓰기보다는 설문, 인터뷰, 관찰 등 다양한 방법을 혼용하여 결과의 신뢰도를 높이는 '삼각검증(Triangulation)'이 필수적이다.

2) 격차(Gap) 및 원인 분석

수집된 데이터를 바탕으로 '바람직한 상태(To-be)'와 '현재 상태(As-is)'의 차이를 명확히 하고, 그 격차가 왜 발생했는지 분석한다.

- 이때 '생선뼈 차트(Fishbone Diagram)'나 '5 Why 기법'을 활용하여 문제의 뿌리를 캔다.

3) 피드백 미팅 (Feedback Meeting) : 진단 결과의 공유

진단 단계의 하이라이트다. 컨설턴트는 분석된 보고서를 들고 의뢰인을 만난다.

- 목적 : 단순히 결과를 통보하는 것이 아니라, "이것이 진짜 문제입니다"라고 의뢰인을 설득하고 합의하는 과정이다.

- 유의점 : 진단 결과가 의뢰인의 치부(리더십 부족, 시스템 미비 등)를 건드릴 경우 방어 기제가 작동할 수 있다. 객관적인 데이터로 감정을 배제하고 사실(Fact) 위주로 전달해야 한다.

2. 해결책 설계 (Solution Design) : 최적의 개입 전략 수립

원인이 규명되었다면, 이를 해결할 구체적인 방안(Solution)을 설계한다. ADDIE 모형의 '설계(Design)' 단계에 해당하지만, 교육 프로그램에 국한되지 않고 다양한 솔루션을 고려해야 한다.

1) 해결책의 탐색 및 선정 (Solution Selection)

도출된 원인을 해결할 수 있는 모든 가능한 대안을 나열하고(Brainstorming), 우선순위를 정한다.
- 교육적 솔루션 : 워크숍, e-러닝, 매뉴얼 제작, 멘토링 프로그램 등.
- 비교육적 솔루션 : 평가 보상 제도 개선, 업무 프로세스 재설계(BPR), 조직 구조 개편, 캠페인 등.
- 컨설턴트는 '영향력(Impact)'과 '실행 용이성(Feasibility)'을 고려하여 최적의 조합(Mix)을 제안해야 한다.

◆ 〈표 5-2〉 해결책 선정 매트릭스

구분	해결책 A (집합 교육)	해결책 B (동영상 강의)	해결책 C (제도 개선)
기대 효과	높음 (실습 가능)	보통 (지식 전달)	매우 높음 (근본 해결)
실행 용이성	보통 (일정 조율 필요)	높음 (시공간 제약 X)	낮음 (노조 합의 필요)
비용	높음	중간	낮음
선정 여부	채택 (Main)	보조 수단 활용	장기 과제로 제안

2) 상세 설계 및 개발 (Detailed Design & Develop)

선정된 해결책을 구체화한다.

- 교육 프로그램이라면 커리큘럼, 교재, 강사 섭외 등을 준비한다.
- 제도 개선이라면 규정 개정안, 가이드라인 등을 작성한다.

3. 실행 계획(Action Plan) 수립

아무리 좋은 해결책도 실행되지 않으면 무용지물이다. 구체적인 실행 로드맵을 작성한다.

- 일정 계획 (Timeline) : 언제, 누가, 무엇을 할 것인가? (Gantt Chart 활용)
- 자원 배분 : 예산, 인력, 장소, 기자재 등 필요한 자원을 확정한다.
- 위험 관리 (Risk Management) : 실행 중 발생할 수 있는 장애 요인(예 : 코로나19 로 인한 집합 금지, 핵심 인력 퇴사)을 예측하고 대응책(Plan B)을 마련한다.

Prof's Insight. 처방전은 의뢰인의 '체력'에 맞게

초보 컨설턴트가 범하기 쉬운 실수는 '이상적인(Best) 솔루션'만 고집하는 것입니다.
"귀사의 문제를 해결하려면 전사적 시스템을 다 뜯어고쳐야 합니다!"
맞는 말일 수 있습니다. 하지만 의뢰인의 예산이 부족하거나, 조직의 피로도가 높다면 그것은 '실현 불가능한 꿈'일 뿐입니다.
명의(名醫)는 환자의 체력을 고려하여 약을 씁니다.
조직이 감당할 수 있는 수준의 '적정 솔루션(Optimal Solution)'을 제시하는 것, 그것이 진짜 실력입니다.

제4절. 실행(Implementation) 및 종료(Transition)

훌륭한 설계도(Design)가 있어도, 집을 짓는 과정(Implementation)에서 부실 공사가 발생하면 그 집은 무너진다. 또한, 집을 다 짓고 나서도 건축가가 열쇠를 넘겨주지 않고 계속 머문다면 집주인은 영원히 손님으로 살아야 한다.

컨설팅의 실행은 변화를 현실로 만드는 과정이며, 종료는 변화의 주도권을 의뢰인에게 넘겨주는 자립(Independence)의 과정이다.

1. 실행 및 변화 관리 (Implementation & Change Management)

설계된 솔루션을 실제 교육 현장이나 조직에 적용하는 단계다. 이때 컨설턴트는 단순히 프로그램을 운영하는 관리자가 아니라, 변화의 파도를 타는 '서퍼(Surfer)'이자 '퍼실리테이터'가 되어야 한다.

1) 파일럿 테스트 (Pilot Test) : 리스크 최소화

전면 실행에 앞서 소규모 집단을 대상으로 시범 운영을 실시한다.

- 목적 : 설계 단계에서 미처 발견하지 못한 오류(버그)를 수정하고, 현장의 초기 반응을 살피기 위함이다.
- 활동 : 교육 프로그램의 경우 시범 강의(Demo)를 해보거나, 새로운 평가 제도를 특정 부서에만 먼저 적용해 본다.

2) 전면 실행 및 모니터링

수정된 솔루션을 조직 전체로 확산한다. 이때 컨설턴트는 실행 과정을 면밀히 모니터링하며, 계획과 실제 사이의 편차를 실시간으로 조정(Fine-tuning)해야 한다.

- 저항 관리 : 실행 단계에서 변화에 대한 저항이 가장 구체적이고 거세게 나타난다. 불만을 토로하는 구성원들을 만나 경청하고, 변화의 필요성을 지속적으로 설득하는

소통 채널을 가동해야 한다.

2. 종료 및 역량 이양 (Transition)

프로젝트의 끝이 보인다. 하지만 단순히 날짜가 되었다고 짐을 싸서 나가는 것이 아니다. '종료(Termination)'가 행정적인 마무리를 의미한다면, '전이(Transition)'는 컨설팅의 효과를 조직 내부에 내재화하는 심리적·역량적 마무리를 의미한다.

1) 역량 이양 (Transfer of Competency)

교육 컨설팅의 궁극적 목표는 의뢰인의 '자생력(Self-sustainability)'확보다.

- 매뉴얼 및 가이드라인 제공 : 컨설턴트가 없어도 업무를 수행할 수 있도록 표준화된 문서를 남긴다.
- 담당자 교육 (Train the Trainer) : 내부 담당자에게 문제 해결 방법론, 프로그램 운영 노하우 등을 전수하여 '제2의 내부 컨설턴트'르 육성한다.

2) 성과 평가 및 최종 보고 (Evaluation & Reporting)

프로젝트 초기에 설정한 목표(KPI) 대비 얼마나 성과를 달성했는지 측정한다.

- 최종 보고회 : 경영진과 이해관계자들이 모인 자리에서 프로젝트의 과정, 결과, 그리고 향후 제언(Future Suggestion)을 발표한다. 이때 성과는 가능한 정량적인 수치(ROI 등)와 정성적인 변화(인터뷰, 사례)를 함께 제시하는 것이 좋다.

3) 공식적 종료 및 철수 (Withdrawal)

- 행정적 종료 : 잔금 수령, 계약 종료 공문 발송 등 행정 절차를 마무리한다.
- 심리적 종료 : 의뢰인과 '공식적인 작별'을 고한다. 작은 종결 세러머니(Ceremony)를 통해 프로젝트 팀의 노고를 치하하고, 이제 변화의 주체가 컨설턴트에서 의뢰인으로 넘어갔음을 선언한다.
- 사후 관리(Follow-up) 약속 : 철수 후에도 일정 기간(예 : 3개월) 동안은 질문에 답변해 주거나, 모니터링을 해주는 A/S 기간을 두어 의뢰인의 불안감을 덜어준다.

초보 컨설턴트는 의뢰인이 자신에게 계속 의존하게 만들고 싶어 합니다. 그래야 또 계약을 할 수 있을 것 같으니까요. 하지만 이는 '컨설팅 중독(Consulting Dependency)'을 만드는 나쁜 의사와 같습니다.

진짜 명의는 환자가 병원에 다시 오지 않도록, 건강하게 사는 법을 가르쳐서 보냅니다. "이제 전화하지 마시고, 직접 하세요. 충분히 하실 수 있습니다." 이 말을 자신 있게 하고 나올 때, 의뢰인은 역설적으로 가장 큰 감동을 받습니다. 그리고 다른 부서에 여러분을 추천할 것입니다. 최고의 마케팅은 '완벽한 자립 지원'입니다.

Workbook 5. 컨설팅의 경계와 윤리: 전문가적 소신과 파트너십의 완성

1) [진입 단계] 전문가적 과업 정의서 (The Professional Scope Statement)

⊙ **학습 목표**

- 모호한 의뢰를 명확한 과업으로 정의하고, 하지 않을 일(Out of Scope)을 규정하는 연습

⊙ **구성 항목**

- 의뢰인의 모호한 요구사항 (예 : 우리 회사 분위기 좀 바꿔줘요)
- 질문을 통한 구체화 (무엇이 문제인가? 목표 상태는?)
- In-Scope (할 일) : (예 : 진단 보고서 작성, 워크숍 1회)
- Out-of-Scope (안 할 일) : (예 : 인사 평가 시스템 전산 개발, 워크숍 이후 개별 면담)
- 합의 서명란 (심리적 계약 포함)

2) [진단 단계] 5 Why & 피쉬본 실습지

⊙ **학습 목표**

- 문제의 근본 원인을 찾기 위해 꼬리에 꼬리를 무는 질문 연습

⊙ **구성 항목**

- 생선 머리 : 해결해야 할 핵심 문제 (Defect)
- 생선 뼈(4M) : Man(사람), Machine(도구/시스템), Method(방법), Material(환경/자료)
- Deep Dive 칸 : 도출된 원인 중 하나를 글라 "왜?"를 5번 반복하여 적는 빈칸.

3) [종료 단계] 지속 가능한 성장을 위한 종결 체크리스트

⊙ 학습 목표

- 프로젝트 종료 시 행정적 마무리와 역량 이양을 꼼꼼히 챙기는 연습

⊙ 구성 항목

- 행정적 종료 : 결과 보고서 전달, 잔금 확인, 세금계산서 발행 등
- 역량 이양(Transition) : 운영 매뉴얼 전달 여부, 내부 담당자 교육(Train the Trainer) 완료 여부
- 심리적 종료 : 종결 세러머니 기획, '자립 선언' 민트 작성해보기

심화 토론

┃ 주제 1. "매출 유지 vs 고객의 자립" (컨설턴트의 윤리)

⊙ 배경

고객이 나 없이도 잘하게 만드는 것이 진짜 명의라고 하였습니다. 하지만 현실적으로 컨설턴트는 수익을 창출해야 하고, 이를 위해 의도적으로 의존성을 남기는 경우도 있습니다.

⊙ 토론 질문

- "당신이 프리랜서 컨설턴트로서 당장 다음 달 월세가 걱정되는 상황이다. 고객은 당신에게 계속 의지하며 추가 계약을 원한다. 당신은 과감하게 '자립'을 시키고 떠날 것인가, 아니면 '사후 관리' 명목으로 계약을 연장할 것인가? 그 이유는 무엇인가?"

주제 2. "이상적 솔루션(Best) vs 적정 솔루션(Optimal)"

⊙ 배경

- 초보 컨설턴트는 완벽한 해결책을 고집하지만, 명의는 환자의 체력(예산, 피로도)을 고려합니다.

⊙ 토론 질문

- "진단 결과, 조직 개편이 필수적이라는 결론이 나왔다. 하지만 CEO는 '조직 개편은 절대 불가하니 교육으로만 풀어달라'고 한다. 당신은 전문가적 소신을 지켜 프로젝트를 거절(Drop)할 것인가, 아니면 효과가 적더라도 고객의 제약 조건 안에서 최선을 다할 것인가?"

주제 3. "과업 범위의 변질(Scope Creep) 방어하기" (롤플레잉)

⊙ 배경

- 프로젝트 도중 의뢰인이 "이것도 좀 봐주세요"라며 은근슬쩍 범위를 넓힐 때 대처가 어렵습니다.

⊙ 토론(역할극)

- "의뢰인은 '우리 사이에 이것 좀 그냥 해주면 안 되냐'며 감정에 호소한다. 컨설턴트 역할을 맡은 사람은 기분이 상하지 않게 거절하면서도 추가 계약을 유도하거나 방어해야 한다. 어떻게 말하겠는가?"

제3부

—

진단 및 해결책 개발 방법론

제6장

요구분석 및 조직진단 방법론

제1절. 요구분석(Needs Analysis)의 이론과 실제

1. 요구분석의 철학적 배경: 진단이 성패를 결정한다

컨설팅의 성패는 "문제를 얼마나 정확하게 진단했는가?"에 달려 있다. 잘못된 진단은 잘못된 처방을 낳고, 이는 조직에 돌이킬 수 없는 비용과 피로감을 안겨준다. 진단 없는 처방이 의료 과실이듯, 분석 없는 해결책은 컨설팅 실패의 지름길이다. 교육 컨설팅의 진단 단계는 바로 이 '요구분석(Needs Analysis)'에서 출발한다.

하지만 현장에서는 여전히 요구분석을 '설문지 몇 장 돌려서 듣고 싶은 강의 주제를 고르는 것' 정도로 가볍게 여기는 경향이 있다. 이는 요구분석을 단순한 '기호 조사(Preference Survey)'로 격하시키는 위험한 접근이다. 진정한 요구분석은 현상의 이면에 숨겨진 근본 원인을 파악하고, 조직이 나아가야 할 올바른 방향을 설정하는 고도의 전략적 프로세스이다. 본 절에서는 요구분석의 학술적 정의를 명확히 하고, 이를 통해 컨설턴트가 무엇을 찾아내야 하는지 규명하고자 한다.

2. 요구(Need)의 개념 : 결핍과 격차의 발견

일상 용어에서 '요구'는 "무엇이 필요하다"는 주관적 희망을 뜻하지만, 교육학 및 성과 공학에서의 요구(Need)는 철저히 객관적인 상태를 의미한다.

1) 요구의 공식: 격차(Gap) 분석

카우프만(Kaufman) 등은 요구를 "바람직한 상태(What Should Be)와 현재 상태(What Is)

간의 차이(Gap)"로 정의했다. 이를 공식화하면 다음과 같다.

Need = Desired Status (목표/기대수준) − Actual Status(현재수준)

이 공식은 컨설턴트에게 강력한 분석의 틀을 제공한다. 예를 들어, 우리 회사의 목표 영업이익은 100억인데(Desired), 현재 70억(Actual)이라면, 이때의 '30억'이 바로 해결해야 할 '요구(Need)'가 된다. 컨설턴트는 단순히 "돈을 더 벌고 싶다"는 희망 사항을 듣는 사람이 아니라, 이 30억의 격차가 어디서 발생하는지를 정밀하게 타격하는 전문가여야 한다.

2) 요구분석의 심화 목적

따라서 요구분석은 단순히 사람들이 좋아하는 메뉴를 고르는 과정이 아니라, "현재 무엇이 부족하며(Gap), 그 원인이 무엇인지"를 데이터를 통해 입증하는 과정이다. 이를 통해 다음과 같은 가치를 창출한다.

- 문제의 우선순위 결정(Prioritization): 한정된 자원을 가장 시급하고 중요한 문제 해결에 투입할 수 있게 해 준다.
- 해결책의 정당성 확보: 데이터에 기반한 진단은 이해관계자들을 설득하고 변화에 동참시키는 강력한 근거가 된다.
- 성과 평가의 기준 설정: '바람직한 상태'를 명확히 정의함으로써, 교육이나 컨설팅 이후 성과가 얼마나 달성되었는지 측정하는 기준점이 된다.

3. 브래드쇼(Bradshaw)의 사회적 요구 유형

요구는 단일하지 않다. 누가, 어떤 기준으로 바라보느냐에 따라 요구는 다르게 해석될 수 있다. 브래드쇼(Bradshaw)는 이를 4가지 유형으로 분류했는데, 컨설턴트는 이 4가지를 종합적으로 고려해야 한다.

1) 규범적 요구 (Normative Need)

전문가, 법규, 정책 등에 의해 정해진 '바람직한 표준(Standard)'에 미치지 못할 때 발생하는 요구다.

- 예시: "산업안전보건법상 전 직원이 연 6시간 교육을 받아야 하는데, 현재 2시간만 이수했다면 4시간의 규범적 요구가 발생한다."
- 특징: 매우 객관적이고 명확하지만, 당사자들은 이를 '해야만 하는 숙제'로 여겨 필요성을 느끼지 못할 수도 있다.

2) 느껴진 요구 (Felt Need)

당사자가 주관적으로 '결핍'을 느끼는 요구다. 흔히 "아, 이거 좀 배웠으면 좋겠다" 혹은 "이게 문제야"라고 생각하는 심리적 상태이다.

- 예시: 교사들이 "요즘 학생들은 통제가 안 돼서 너무 힘들다"고 느끼는 심리적 고충과 변화에 대한 갈망이다.
- 특징: 당사자의 학습 동기는 매우 높지만, 이것이 조직 전체의 전략적 목표와 일치하지 않을 수 있다는 점을 유의해야 한다.

3) 표현된 요구 (Expressed Need)

느껴진 요구가 실제 '행동'이나 '요청'으로 표출된 것이다.

- 예시: 특정 연수 과정에 수강 신청을 하거나, 컨설턴트에게 "갈등 관리 워크숍을 열어주세요"라고 구체적인 의뢰서를 보내는 행위이다.
- 특징: 컨설팅의 진입(Entry) 단계에서 컨설턴트가 가장 먼저 마주하는 실질적인 요구 데이터이다.

4) 비교 요구 (Comparative Need)

자신과 유사한 '타 집단과의 비교'를 통해 확인되는 격차다.

- 예시: "경쟁사 A는 1인당 교육비가 100만 원인데, 우리는 50만 원이다"라는 인식을 통해 발생하는 요구이다.
- 특징: 벤치마킹을 통해 도출되며, 경영진의 위기의식을 자극하고 예산을 확보하는

데 강력한 설득 근거가 된다.

4. Want(바람) vs. Need(요구)의 구분: 컨설턴트의 전문적 통찰

컨설턴트가 갖춰야 할 가장 중요한 통찰력은 고객의 Want(원하는 수단)와 Need(해결해야 할 문제)를 구별하는 것이다.

- Want (수단 중심): "우리 직원들에게 '최신 엑셀 교육'을 시켜주세요." 고객은 이미 스스로 진단을 내리고 특정 솔루션을 들고 온다.
- Need (문제 중심): "직원들의 보고서 작성 시간이 너무 오래 걸려서 야근이 잦은 문제를 해결하고 싶어요."

컨설턴트가 진단해 보니, 문제는 엑셀 실력이 아니라 '데이터베이스 시스템의 속도'일 수 있다. 이 경우 고객의 요청대로 엑셀 교육(Want)을 제공해도 본질적인 문제(Need)는 해결되지 않는다. 따라서 컨설턴트는 고객의 Want를 그대로 수용하는 것이 아니라, "왜(Why) 그것을 원하십니까?"라는 질문을 통해 기저에 깔린 진짜 Need를 발굴해야 한다.

Prof's Insight. 의사는 환자의 주문을 그대로 받지 않습니다.

환자가 병원에 와서 "배가 아프니 맹장 수술을 해주서요(Want)"라고 한다고 해서, 바로 수술실로 데려가는 의사는 없습니다. 의사는 "어디가 어떻게 아픈가요?(진단)"를 먼저 묻고, 검사 결과 맹장이 아닌 단순 복통이라면 수술 대신 약을 처방합니다. 컨설턴트도 마찬가지입니다. 의뢰인이 "리더십 교육을 해주세요'라고 할 때, 덥석 물지 마십시오. "리더십 교육을 통해 어떤 문제를 해결하고 싶으신가요?(Need)"를 먼저 물으십시오. 진정한 전문가는 고객이 '원하는 것'을 주는 사람이 아니라, 고객에게 '필요한 것'을 찾아주는 사람입니다.

5. 요구분석의 확장: 카우프만의 조직 요소 모델(OEM)

요구분석을 더 거시적인 관점에서 수행하기 위해 카우프만의 조직 요소 모델(Organizational Elements Model)을 참고할 필요가 있습니다. 그는 요구를 단순히 개인의 역량 격차로 보지 않고, 조직과 사회적 가치라는 세 가지 수준으로 확장했습니다.

- 메가 수준(Mega Level): 조직의 성과가 사회와 고객에게 어떤 가치를 주는가? (예: 지역사회 기여도, 고객 만족도)
- 매크로 수준(Macro Level): 조직 전체가 달성해야 할 성과는 무엇인가? (예: 기업의 매출 목표, 대학의 취업률)
- 마이크로 수준(Micro Level): 개별 구성원이 갖추어야 할 역량은 무엇인가? (예: 직무 숙련도, 소통 능력)

컨설턴트는 마이크로 수준의 요구(개인의 학습 요구)가 매크로와 메가 수준의 목표와 어떻게 정렬(Alignment)되는지를 분석해야 합니다. 개별 직원의 엑셀 실력 향상이 결국 조직의 생산성 증대와 고객 가치 창출로 이어지는지를 확인하는 것이 진정한 의미의 전략적 요구분석입니다.

📋 제2절. 양적 진단 도구의 개발과 타당화

1. 양적 진단의 본질: 객관적 측정의 미학

조직 내부에 산재한 문제 현상을 신속하고 광범위하게 파악하기 위해 가장 보편적으로 활용되는 방법은 설문조사(Survey)를 통한 양적 진단이다. 그러나 현장에서 흔히 범하는 실수는 단순히 질문 몇 개를 나열하는 것만으로 충분한 진단이 가능하다고 믿는 것이다.

양적 진단 도구는 인간의 내면이나 조직의 보이지 않는 심리적 속성을 숫자로 치환하여 측정하는 '자(Ruler)'와 같다. 만약 이 자의 눈금이 들쭉날쭉하거나 측정할 때마다 수치가 변한다면, 그 결과에 기반한 컨설팅 처방은 아무런 가치를 지니지 못한다. 따라서 전문 컨설턴트는 '과학적으로 검증된 진단 도구'를 스스로 개발하거나, 기존의 우수한 도구를 선별하여 적용할 수 있는 고도의 분석 능력을 갖추어야 한다.

2. 진단 도구의 설계 프로세스: 추상에서 구체로

1) 조작적 정의 (Operational Definition) : 측정의 출발점

"우리 조직의 '창의성' 혹은 '조직 몰입'을 측정해 달라"는 의뢰를 받았을 때, 컨설턴트가 가장 먼저 직면하는 난관은 추상적인 개념을 어떻게 가시적인 문항으로 변환하느냐이다. 이를 위해 반드시 거쳐야 하는 과정이 바로 조작적 정의이다.

- 개념적 정의(Conceptual Definition): 사전적 의미로 개념을 규정하는 단계이다. 예를 들어 창의성은 '새롭고 유용한 것을 만들어내는 능력'으로 정의할 수 있다.
- 조작적 정의(Operational Definition): 추상적 개념을 측정 가능한 구체적인 행동이나 관찰 가능한 현상으로 재정의하는 과정이다.
- 사례: 창의성을 '지난 1년간 조직의 효율성을 높이기 위해 새로운 아이디어를 제안한 횟수' 또는 '기존의 업무 관행을 개선하려는 시도에 대한 동의 수준'으로 정의함으로

써 비로소 정량적 측정이 가능해진다.

2) 척도(Scale)의 구성과 전략적 선택

측정 도구의 정밀도를 결정하는 요소 중 하나는 척도의 구성이다. 주로 사용되는 리커트 척도(Likert Scale)는 응답자의 태도나 의견의 강도를 연속선상에서 측정한다.

- 5점 척도: 가장 표준적이며 응답자의 인지적 부담이 적어 널리 활용된다.
- 짝수 척도(4점, 6점): 응답자가 '보통이다(3점)'와 같은 중간값으로 도피하여 의견을 유보하는 것을 방지하고자 할 때 전략적으로 사용한다.
- 7점 척도: 응답 집단의 변별력이 높거나 미세한 태도 변화를 포착해야 할 때 데이터의 분산도를 높이기 위해 사용한다.

3. 도구의 품질 보증: 신뢰도와 타당도

데이터 사이언스의 격언인 "쓰레기가 들어가면 쓰레기가 나온다(Garbage In, Garbage Out)"는 진단 현장에서도 예외 없이 적용된다. 진단 도구의 품질을 결정짓는 두 가지 핵심 기둥은 신뢰도와 타당도이다.

1) 신뢰도 (Reliability): 측정의 일관성

신뢰도는 동일한 대상을 반복해서 측정했을 때 얼마나 일관된 결과가 나오는지를 의미한다.

- 비유: 체중계에 올라갈 때마다 몸무게가 동일하게 기록된다면 그 기계는 신뢰도가 높은 것이다. 설령 기계가 고장 나 실제보다 5kg이 더 나오더라도, 매번 동일하게 5kg이 더 나온다면 이 역시 '일관성' 측면에서는 신뢰도가 높다고 볼 수 있다.
- 검증 방법: 사회과학에서는 문항 간의 내적 일치도를 나타내는 '크론바흐 알파(Cronbach's α)' 계수를 주로 활용한다. 일반적으로 0.6 이상이면 수용 가능한 수준이며, 0.8 이상이면 매우 높은 신뢰도를 갖춘 것으로 평가한다.

2) 타당도 (Validity): 측정의 정확성

타당도는 측정하고자 의도한 개념을 얼마나 정확하게 측정하고 있는가에 대한 문제이다.

- 비유: 체중계가 몸무게를 재야지 키를 잰다면 이는 타당도가 결여된 것이다. 이는 양궁 선수가 과녁의 정중앙(Bull's eye)을 얼마나 정확하게 맞히느냐와 같다.
- 검증의 다각화

  내용 타당도 (Content Validity): 해당 분야의 전문가들이 문항들을 검토하여 "이 질문들이 정말 창의성을 측정하기에 적절한가?"를 판단한다.
- 구인 타당도 (Construct Validity): 요인 분석(Factor Analysis)과 같은 통계적 기법을 사용하여, 설계된 문항들이 이론적 구조와 통계적으로 일치하는지 검증한다.

신뢰도가 높다고 해서 반드시 타당도가 높은 것은 아니다. 탄착군이 한곳에 모여 있지만 중앙을 벗어난 경우는 신뢰도는 높으나 타당도가 낮은 전형적인 사례이다. 반면, 탄착군이 중앙에 밀집해 있다면 신뢰도와 타당도를 모두 확보한 이상적인 상태라 할 수 있다.

4. 표준화된 진단 도구의 전략적 활용

실무 현장에서는 시간적, 경제적 제약으로 인해 매 프로젝트마다 새로운 도구를 개발하는 것이 불가능할 수 있다. 이 경우 학계나 전문 기관에서 이미 신뢰도와 타당도가 검증된 표준화 도구(Standardized Instrument)를 활용하는 것이 매우 효율적이다.

⊙ 주요 영역별 표준화 도구 사례

- 직무 만족도: JDI (Job Descriptive Index), MSQ (Minnesota Satisfaction Questionnaire)
- 조직 몰입도: OCQ (Organizational Commitment Questionnaire)
- 리더십: LBDQ (Leader Behavior Description Questionnaire), MLQ (Multifactor Leadership Questionnaire)

⊙ 활용 시 유의사항

해외의 우수한 도구를 도입할 때는 단순 번역을 넘어 한국적 조직 문화와 언어적 미묘함을 반영하는 '번안 및 수정(Adaptation)' 과정을 거쳐야 한다. 또한 해당 도구의 저작권 상태를 명확히 확인하여 윤리적, 법적 문제를 미연에 방지해야 한다.

Prof's Insight. 설문지는 컨설턴트가 보내는 '연애 편지'입니다

많은 초보 컨설턴트들이 자신의 전문성을 과시하려는 욕심에 설문지를 지나치게 길고 어렵게 만드는 우를 범합니다. 질문이 100문항을 넘어가거나 문장이 난해해지면 응답자는 피로감을 느끼고 이내 '생각하기'를 멈춥니다. 결국 모든 문항에 '3번(보통이다)'으로 줄을 세우는 불성실 응답이 발생하게 되는데, 이는 진단의 가치를 무너뜨리는 치명적인 결과로 이어집니다.

설문지는 컨설턴트가 조직 구성원들에게 보내는 첫 번째 편지라는 사실을 잊지 마십시오.

1. 쉽고 명확하게: 중학생도 이해할 수 있는 평이한 용어를 사용하십시오.

2. 15분 이내의 마법: 응답자의 집중력을 고려하여 최대한 간결하게 구성하십시오.

3. 존중의 메시지: "당신의 소중한 의견이 조직을 바꾼다"는 진정성이 느껴져야 합니다.

응답자를 배려하지 않는 오만한 설문지로는 결코 현장의 진실된 데이터를 얻을 수 없음을 명심해야 합니다.

제3절. 질적 진단 방법론: 맥락과 본질의 심층 탐구

1. 질적 진단의 철학: 숫자가 생략한 '맥락'의 복원

양적 진단이 설문조사를 통해 숲의 전체적인 크기와 나무의 개수를 세는 거시적 작업이라면, 질적 진단은 숲속으로 직접 들어가 나무의 냄새를 맡고 뿌리가 어떻게 얽혀 있는지 파헤치는 미시적 탐구이다. 양적 데이터가 '무엇(What)'이 문제인지 현상을 기술한다면, 질적 데이터는 그것이 '왜(Why)' 발생했는지를 심층적으로 설명해 준다.

교육 컨설팅 현장에서 숫자는 객관적인 지표를 제공하지만, 그 숫자가 형성된 배경과 동기는 알려주지 않는다. 예를 들어 '조직 만족도 3.0'이라는 결과는 만족도가 낮다는 사실만 알려줄 뿐, 그것이 낮은 임금 때문인지, 상사와의 갈등 때문인지, 혹은 비전의 부재 때문인지는 질적 진단을 통해서만 파악할 수 있다. 따라서 유능한 컨설턴트는 설문조사(양적)와 면담·관찰(질적)을 상호 보완적으로 사용하는 '혼합 연구 방법(Mixed Methods)'을 구사하여 진단의 입체성을 확보해야 한다.

2. 심층 면담 (In-depth Interview): 마음의 소리를 듣는 기술

심층 면담은 가장 대표적인 질적 진단 도구다. 이는 단순한 질의응답을 넘어 대화를 통해 상대방의 내면 깊은 곳에 있는 가치관, 감정, 해석의 체계를 이끌어내는 고도의 상호작용 과정이다.

1) 1:1 심층 면담의 전략적 운영
- 대상: 조직의 의사결정권을 가진 리더, 현장의 문제를 가장 잘 아는 핵심 제보자(Key Informant), 또는 갈등의 중심에 있는 당사자.
- 특징: 익명성이 보장된 상황에서 상사와의 갈등, 개인적 고충, 조직의 정치적 역학관계 등 민감한 주제를 다루기에 최적화되어 있다.

- 기법: 반구조화된 면담(Semi-structured Interview): 미리 준비한 핵심 질문 리스트(Interview Guide)를 기본 축으로 삼되, 응답자의 답변에 따라 유연하게 꼬리에 꼬리를 무는 질문(Probing, 심층 탐사)을 던진다.
- 질문 예시: "소통이 안 된다고 하셨는데, 구체적으로 어떤 상황이나 장면에서 그렇게 느끼셨나요? 그때의 기분은 어떠셨습니까?"

2) 포커스 그룹 인터뷰 (FGI): 집단 역동의 관찰

- 구성: 특정 주제에 대해 공통된 경험을 가진 6~8명의 구성원을 한자리에 모은다.
- 특징: 개별 면담에서는 얻기 힘든 참여자 간의 상호작용(Interaction)을 관찰할 수 있다. 한 사람의 발언이 다른 사람의 기억이나 감정을 자극하여 집단의 '공통된 인식'이나 '숨겨진 갈등'이 자연스럽게 드러난다.
- 유의점: 이른바 '목소리 큰 사람(Dominant Speaker)'이 분위기를 주도하여 다수의 의견이 왜곡되지 않도록 컨설턴트(Moderator)의 노련한 진행 능력이 요구된다.

3. 참여 관찰 (Participant Observation): 행동의 진실을 포착하다

사람들은 의도적인 거짓말뿐만 아니라 자신도 모르게 자신의 행동을 미화하거나 합리화하는 경향이 있다. 인터뷰에서는 "업무 시간에 최고로 집중한다"고 답하지만, 실제로는 10분마다 스마트폰을 확인하는 경우가 허다하다. 관찰은 이러한 '말과 행동의 불일치'를 잡아내고 현장의 생생한 진실을 파악하는 강력한 도구다.

1) 섀도잉 (Shadowing)

- 특정 대상(신입사원, 영업팀장 등)을 그림자처럼 따라다니며 그의 하루 일과를 온전히 관찰하는 기법이다.
- 관찰 내용: 실제 업무 동선, 시간 사용의 밀도, 회의 시 발언의 양상과 빈도, 동료와의 비언어적 상호작용(눈빛, 표정, 제스처) 등.

- 효과: 공식적인 업무 기술서에는 나타나지 않는 비효율적인 프로세스(Bottleneck)나 조직 내에 흐르는 미묘한 권력 관계를 파악하는 데 탁월하다.

2) 비참여 관찰 (Non-participant Observation)

컨설턴트가 제3자의 입장에서 회의나 교육 현장에 개입하지 않고 관찰하는 방식이다.
- 사례: 회의실 구석에서 회의가 얼마나 민주적으로 진행되는지, 의사결정의 주도권이 누구에게 쏠려 있는지, 침묵하는 구성원은 누구인지를 객관적으로 기록한다.

4. 문헌 분석 (Document Analysis): 조직의 DNA를 추적하다

조직이 남긴 유무형의 기록물(Artifacts)은 면담이나 관찰처럼 사람들이 의식적으로 꾸며낼 수 없는 '있는 그대로의 데이터'를 제공한다.
- 분석 대상: 조직도, 공식 업무 매뉴얼, 과거 프로젝트 결과 보고서, 실제 진행된 회의록, 사내 게시판의 댓글, 이메일 소통의 격식과 양식 등.
- 활용 가치: 조직이 표방하는 공식적인 돛표(매뉴얼)와 실제 현장에서 벌어지는 운영(회의록) 사이의 괴리를 발견하는 데 유용하다. 또한 과거 기록의 흐름을 통해 조직 문화의 변천사와 핵심 가치의 내재화 정도를 파악할 수 있다.

> **Prof's Insight. 빙산의 밑동을 보십시오.**
>
> 설문조사로 얻은 숫자는 물 위에 드러난 '빙산의 일각(Tip of the Iceberg)'일 뿐이다. "만족도 3.5점"이라는 차가운 숫자 밑에는, '부장님의 고압적인 말투가 견디기 힘들어서", "노후된 복사기가 자꾸 고장 나서 업무 흐름이 끊겨서", "밤샘 노력이 정당하게 인정받지 못해서"와 같은 수천 가지의 뜨거운 '이야기(Story)'가 잠겨 있다.
> 컨설턴트는 단순한 분석가가 아니라 잠수부가 되어야 한다. 숫자의 바다 속으로 깊이 뛰어들어 그 밑에 잠겨 있는 거대한 맥락을 보고 오는 사람이다. 면담 현장에서 '왜(Why)'를 최소한 다섯 번 물어보라. 그때 비로소 현상의 이면에 숨어 있던 진짜 원인이 고개를 들 것이다.

Workbook 6-1. Want vs. Need 해독기 (Decoder)

⊙ **학습 목표**

고객의 표면적 요구(Want) 이면에 숨겨진 본질적 문제(Need)를 추출하는 사고력을 배양한다.

⊙ **상황 제시**

고객사 교육담당자가 "직원들의 역량 강화를 위해 최신 엑셀 교육 과정을 개설해달라"고 요청했다.

⊙ **실습 단계**

- Step 1 (Listen): 고객이 명시적으로 요청한 솔루션(Want)을 기입한다.
- Step 2 (Question): 'Why' 질문을 3단계 이상 던져 원인을 추적한다. (예: 왜 엑셀 교육인가? → 데이터 처리가 늦다 → 왜 늦는가? → 시스템 과부하인가, 숙련도 문제인가?)
- Step 3 (Define): 진단 결과 도출된 본질적인 문제(Need)를 정의한다. (예: 교육의 문제가 아닌 DB 서버 교체 필요성)
- Step 4 (Solution): 교육이 아닌, Need를 해결할 수 있는 대체 솔루션을 제안한다.

Workbook 6-2. 조작적 정의 및 설문 문항 개발

⊙ **학습 목표**

추상적 교육학 개념을 측정 가능한 정량적 문항으로 변환하는 과정을 경험한다.

⊙ **실습 단계**

- Target Concept: 측정하고자 하는 핵심 가치(예: 조직 내 '심리적 안전감', '소통 활성화')를 설정한다.
- 개념적 정의: 학술적 근거에 기반한 사전적 의미를 정의한다.
- 조작적 정의: 해당 개념을 보여주는 구체적 행동(예: 회의 시 반대 의견 제시 횟수, 메일 회신 속도 등)으로 구체화한다.
- 문항 제작: 리커트 5점 척도를 활용한 설문 문항을 3개 이상 제작한다.

Workbook 6-3. 반구조화 면담(Semi-structured Interview) 가이드 설계

◉ 학습 목표

인터뷰의 구조를 체계화하고 심층 탐사(Probing) 기법을 실습한다.

◉ 실습 구성

- Opening: 신뢰(Rapport) 형성을 위한 도입 멘트 및 윤리적 고지 사항을 작성한다.
- Key Questions: 진단 목적에 부합하는 핵심 질군 3~4가지를 사전 설계한다.
- Probing Strategy: 예상되는 답변 시나리오를 바탕으로 "더 구체적인 사례가 있을까요?"와 같은 추가 질문 전략을 수립한다.

▎ 주제 1. 컨설턴트의 직업 윤리: "고객이 원치 않는 진단을 해야 하는가?"

◉ 배경

환자가 맹장 수술을 요구해도 의사는 진단 결과에 따라 처방한다. 만약 경영진이 '리더십 교육'을 강력히 원하는데, 진단 결과 원인이 '불합리한 임금 체계'라는 구조적 문제임이 밝혀졌다면 컨설턴트는 어떤 스탠스를 취해야 하는가?

◉ 토론 포인트

고객의 Wants를 무시하고 직언을 할 때 발생하는 리스크 관리 방안은?

Wants를 수용하는 척하면서 점진적으로 Needs로 유도하는 전략은 윤리적인가?

▎ 주제 2. 데이터의 진실성: "숫자는 거짓말을 하지 않는가, 사람은 거짓말을 하는가?"

◉ 배경

설문 데이터(양적)와 인터뷰 결과(질적)가 정반대로 나타나는 '진단 불일치' 상황이 빈번하다.

◉ 토론 포인트

- 설문조사의 '중간 도피' 성향과 불성실 응답을 걸러내기 위한 기술적 장치는?
- 면담 대상자의 행동 미화(Social Desirability Bias)를 간파하기 위해 섀도잉 외에 어떤 보완책이 있는가?

▍주제 3. 컨설팅의 현실: "효율성 vs 정확성의 딜레마"

⊙ 배경

자체 도구 개발과 질적 진단은 정확하지만 시간과 비용이 막대하다. 반면 표준화 도구는 효율적이지만 조직의 특수성을 놓치기 쉽다.

⊙ 토론 포인트

- 예산이 극도로 한정된 프로젝트에서 최소 비용으로 최대 효과를 내는 '최적의 진단 믹스(Mix)'는?
- 표준화 도구를 한국적 맥락으로 번안할 때 원형을 어디까지 훼손할 수 있는가?

제7장

데이터 분석과 문제 규명

제1절. 교육 데이터 리터러시와 분석 기법

오늘날 에듀테크의 확산과 LMS(학습관리시스템)의 고도화로 인해 교육 현장에는 매 순간 엄청난 양의 데이터가 축적되고 있다. 하지만 데이터의 양적 팽창이 곧 교육적 지혜의 심화를 보장하지는 않는다. '쓰레기를 넣으면 쓰레기가 나온다(Garbage In, Garbage Out)'는 데이터 분석의 격언은 교육 컨설팅 현장에서도 유효하다.

컨설턴트에게 필요한 핵심 자질은 단순한 통계 도구 활용 능력을 넘어, 데이터 속에 숨겨진 교육적 함의를 읽어내고(Read), 비판적으로 분석하여(Analyze), 의뢰인이 이해할 수 있는 언어로 소통하는(Communicate) '교육 데이터 리터러시(Educational Data Literacy)'다.

1. 양적 데이터 분석: 수치 너머의 경향성 포착

양적 데이터 분석은 현상의 규모를 객관적으로 측정하고 보편적인 경향성을 파악하는 데 유용하다. 컨설턴트는 주로 SPSS, Excel, Python 등을 활용하지만, 실무에서는 복잡한 추론 통계보다 현상을 직관적으로 보여주는 기술 통계(Descriptive Statistics)를 정확히 해석하는 것이 더 중요하다.

1) 기술 통계의 전략적 해석: 평균과 표준편차

기술 통계는 데이터의 특성을 요약해 주는 가장 기초적인 도구지만, 가장 빈번하게 오용되기도 한다.

- 평균(Mean)의 함정: 특정 학교의 학생 만족도가 80점이라는 보고는 '모든 학생이 만족한다'는 착각을 불러일으킨다. 만약 점수 분포가 양극화되어 있다면 평균은 실체를 왜곡하는 도구로 전락한다. 컨설턴트는 반드시 평균과 함께 중앙값(Median)을 확인하여 데이터의 왜곡 여부를 점검해야 한다.
- 표준편차(SD)와 교육적 시사점: 평균이 같더라도 표준편차가 크다면 집단 내 이질성이 높다는 뜻이다. 이는 교육 프로그램이 특정 수준의 학습자에게만 편중되어 있을 가능성을 시사한다. 컨설턴트는 평균 뒤에 숨은 '격차'와 '소외된 집단'의 존재를 표준편차를 통해 포착해야 한다.

2) 상관 분석(Correlation Analysis)과 가설 검증

상관 분석은 두 변수 간의 관계를 수치화하여 컨설팅 가설을 검증하는 데 사용된다.
- 상관관계의 해석: 예를 들어 '온라인 학습 참여 시간'과 '학업 성취도' 간에 양(+)의 상관관계가 나타난다면, 학습 시간 확보를 위한 전략을 제안할 근거가 된다.
- 인과관계(Causality)와의 혼동 주의: 상관관계가 있다고 해서 한 변수가 다른 변수의 직접적인 원인이라고 단정할 수는 없다. 성취도가 높은 학생이 원래 공부를 좋아해서 참여 시간이 길 수도 있기 때문이다. 컨설턴트는 상관관계 분석 결과를 토대로 제3의 변수나 시간적 선후 관계를 신중히 검토해야 한다.

3) 데이터 시각화(Data Visualization): 설득력 있는 보고

수치로 가득 찬 표는 의뢰인을 피로하게 만든다. 분석 결과는 직관적으로 이해될 수 있도록 시각화되어야 한다.
- 막대그래프/히스토그램: 집단 간의 성과 차이나 만족도 분포를 명확히 비교할 때 유리하다.
- 파이 차트: 예산 배분이나 학습자 구성 비율 등 전체 대비 부분의 비중을 보여줄 때 유용하다.

- 히트맵(Heatmap): 학습자의 특정 시간대별 접속 패턴이나 과제 수행 집중도를 시각화하여 밀도 높은 정보를 제공한다.

2. 질적 데이터 분석: 언어 속에 담긴 맥락적 의미 추출

인터뷰 녹취록, 주관식 응답, 현장 관찰 일지와 같은 질적 데이터는 숫자가 말해주지 못하는 '이유(Why)'와 '맥락(Context)'을 담고 있다. 질적 분석은 방대한 텍스트를 분해하고 다시 조립하여 핵심적인 의미 체계를 발견해 나가는 귀납적 과정이다.

1) 전사(Transcription) 및 데이터 정제

녹음된 인터뷰를 텍스트로 옮기는 작업은 분석의 기초다. 단순히 말을 기록하는 것을 넘어, 화자의 억양, 침묵의 시간, 한숨과 같은 비언어적 요소를 함께 기술함으로써 텍스트에 생명력을 불어넣어야 한다. 이러한 세밀한 기록은 분석의 깊이를 결정짓는 토대가 된다.

2) 코딩(Coding): 데이터의 원자화

코딩은 텍스트를 읽어가며 의미 있는 단위에 '이름표'를 붙이는 핵심 작업이다.
- 개방 코딩(Open Coding): 텍스트를 문장 단위로 쪼개어 [행정 부담], [소통 부재], [번아웃] 등 현상을 설명하는 키워드를 부여한다.
- 인비보 코딩(In-vivo Coding): 학습자가 직접 사용한 생생한 언어를 그대로 코드로 활용하여 현장의 목소리를 보존한다.

3) 범주화(Categorization) 및 주제(Theme) 도출

개별 코드들을 유사성에 따라 그룹화하여 상위 개념인 범주를 형성하고, 이들의 관계를 관통하는 핵심 주제를 발견한다.
- 분석 사례: [회의 시간 과다], [불필요한 공문 처리] 등의 코드가 모여 '행정 업무의 비효율성'이라는 범주가 형성된다.

- 주제 도출: 최종적으로 "교사들은 과도한 행정 업무로 인해 본연의 과업인 수업 준비에 심각한 심리적 압박을 느끼고 있다"는 결론에 도달하게 된다.

3. 데이터의 삼각검증(Triangulation): 진단의 객관성 확보

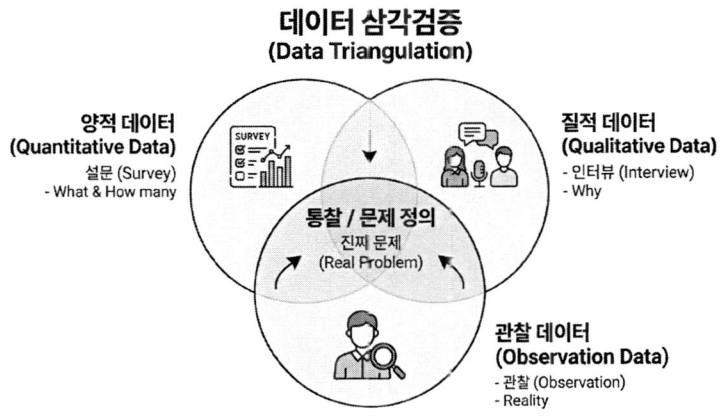

[그림 7-1] 데이터 삼각검증

단일 데이터 소스에 의존하는 진단은 편향될 위험이 크다. 진정한 데이터 리터러시는 양적 데이터와 질적 데이터를 상호 보완적으로 활용하는 삼각검증을 통해 완성된다.
- 양적 데이터(설문): "최근 1년간 조직 내 직무 만족도가 15% 하락했다"는 수치를 확인한다.
- 질적 데이터(인터뷰): "팀장님의 일방적인 의사결정 방식 때문에 주도성을 잃었다"는 구체적인 증언을 확보한다.
- 현장 데이터(관찰): 실제 주간 회의에서 팀원들이 의견 제시를 꺼리고 침묵하는 양상을 포착한다.

이처럼 서로 다른 각도에서 수집된 데이터가 하나의 지점을 향할 때, 컨설턴트는 "리더십 스타일의 변화가 조직 만족도 개선의 핵심 동인이다"라는 결론을 확신을 가지고 내릴 수 있다.

Prof's Insight. 데이터는 '답'이 아니라 '신호'다.

많은 학생들이 데이터 분석 결과를 놓고 "이 수치가 정답을 말해주고 있습니다"라고 확신하곤 한다. 그러나 데이터는 정답을 주지 않는다. 단지 현상 이면에 '무엇인가 벌어지고 있다는 신호(Signal)'를 보낼 뿐이다.

학업 성취도가 낮게 나타난 데이터는 그 자체로 원인이 아니라 '현상'이다. 그 원인이 학습자의 동기 부족인지, 교재의 부적절성인지, 아니면 교수법의 한계인지는 데이터 너머의 '사람'을 진지하게 들여다볼 때만 알 수 있다. 숫자에 매몰되지 마라. 숫자를 디딤돌 삼아 그 너머의 교육적 맥락을 읽어내는 눈, 그것이 컨설턴트에게 요구되는 최고의 지성이자 통찰이다.

📋 제2절. 근본 원인 분석(RCA) 및 문제의 구조화

데이터 분석을 통해 "우리 학교 학생들의 중도 탈락률이 전년 대비 15% 상승했다"는 객관적 사실(Fact)을 확인했다고 가정해 보자. 이는 매우 중요한 발견이지만, 이 수치 자체가 컨설팅의 결론이 될 수는 없다. 유능한 컨설턴트는 현상을 확인한 직후, "도대체 왜(Why) 이런 현상이 벌어지고 있는가?"라는 본질적인 질문을 던져야 한다.

이때 자신의 경험이나 직관에만 의존하여 "요즘 학생들은 예전보다 인내심이 부족해서 그래"라거나 "단순히 학령인구가 감소하기 때문이야"라고 성급하게 결론 내리는 오류를 범해서는 안 된다. 이는 컨설팅이 아니라 개인적인 편견을 투사하는 것에 불과하다. 근본 원인 분석(Root Cause Analysis, 이하 RCA)은 복잡하게 얽혀 있는 문제의 실타래를 논리적 가설과 검증의 과정을 통해 풀어내어, 현상의 기저에 잠복해 있는 '진짜 원인'을 찾아내는 체계적인 지적 여정이다.

1. 로직 트리(Logic Tree)와 MECE: 사고의 입체 지도 그리기

현장에서 마주하는 교육적 문제는 대개 거대하고 복잡하여 한 번에 해결하기 어렵다. 이를 해결 가능한 수준으로 작게 쪼개어(Decomposition) 관리 가능한 단위로 만드는 기술이 바로 로직 트리(Logic Tree)다. 로직 트리는 복잡한 사안을 논리적인 계층 구조로 시각화하여 사고의 누락이나 중복을 방지하는 도구다. 이때 가장 핵심적인 분류 원칙이 바로 MECE다.

1) MECE (Mutually Exclusive, Collectively Exhaustive)

MECE는 경영 컨설팅의 세계적 표준이자, 논리적 사고의 제1원칙이다. 이는 "항목들이 서로 중복되지 않으면서(Mutually Exclusive), 전체를 합치면 누락이 없는 상태(Collectively Exhaustive)"를 의미한다.

- Mutually Exclusive (상호 배제): 분류된 항목 간에 교집합이 없어야 한다. 예를 들

어, 학생을 '남성'과 '여성'으로 나누는 것은 MECE 하지만, '20대'와 '대학생'으로 나누는 것은 20대이면서 대학생인 집단이 중복되므로 MECE 원칙에 어긋난다.

- Collectively Exhaustive (전체 포괄): 분류된 항목들의 합이 전체 집합과 일치해야 한다. 계절을 '봄, 여름, 가을'로만 나눈다면 '겨울'이라는 중요한 요소가 누락되었으므로 MECE 하지 않다.

2) 로직 트리의 구조적 설계와 활용

'성적 하락'이라는 추상적인 문제를 MECE 원칙에 따라 단계별로 분해해 보자. 문제의 근원을 찾아가는 과정은 마치 나무의 줄기에서 가지로 뻗어 나가는 형태를 띤다.

- Level 1 (대분류): 투입된 절대적 학습 시간의 부족인가, 아니면 주어진 시간 대비 학습 효율의 저하인가? (시간 vs. 효율)
- Level 2 (중분류 – 학습 시간 부족): 학교 내 정규 수업 시간의 물리적 부족인가, 아니면 방과 후 자기주도적 학습 시간의 부족인가?
- Level 2 (중분류 – 학습 효율 저하): 학습자의 심리적 요인(동기 저하)인가, 인지적 요인(학습 방법 미숙)인가, 아니면 환경적 요인(기초 학력 부실 및 교재 난이도 부적절)인가?
- 이처럼 상위 개념에서 하위 개념으로 논리적인 가지를 쳐 내려가면, 막연했던 문제는 마침내 '우리가 당장 실행할 수 있는 구체적인 해결 과제'로 좁혀지게 된다.

2. 5 Whys 기법: 표면적 증상을 넘어 심층 원인으로

문제의 원인을 찾았다고 판단되는 지점에서 멈추지 않고, "왜?"라는 질문을 꼬리에 꼬리를 물 듯 5번 이상 반복하는 기법이다. 이는 도요타(Toyota)의 생산 방식에서 유래한 것으로, 단순한 증상(Symptom)에 대한 대처를 넘어 시스템적인 근본 원인(Root Cause)을 포착하기 위함이다.

- 상황: "기업 직무 연수 후 실시한 학습자 만족도가 2.0점(5점 만점)으로 매우 낮게 조사되었다."

- 1st Why: 왜 만족도가 낮은가? → 강사의 강의 내용과 전달력이 형편없었기 때문이다. (여기서 멈추면 '강사 교체'라는 단기적 처방에 그치고 만다.)
- 2nd Why: 왜 강사의 강의력이 부족했는가? → 섭외된 강사가 해당 분야(예: 생성형 AI 실무)의 실질적인 전문가가 아니었기 때문이다.
- 3rd Why: 왜 비전문가가 강사로 섭외되었는가? → 교육 담당자가 교육 시작 직전에 급하게 강사를 찾았기 때문이다.
- 4th Why: 왜 강사 섭외를 급하게 진행했는가? → 연수 운영 계획이 교육 시작 불과 3일 전에 최종 확정되었기 때문이다.
- 5th Why: 왜 운영 계획 확정이 늦어졌는가? → 의사결정권자의 결재 단계가 너무 많고, 사전 승인 프로세스가 부재하기 때문이다. (근본 원인 발견)

결과적으로 이 문제에 대한 진정한 솔루션은 강사 개인이 아니라, '사전 연수 기획 시스템의 표준화 및 결재 프로세스 간소화'가 되어야 한다. 이처럼 5Whys는 문제의 책임이 '사람'이 아닌 '시스템'에 있음을 밝혀내는 강력한 도구가 된다.

3. 인과관계 다이어그램 (Fishbone Diagram): 원인의 시각적 구조화

문제라는 '결과(Effect)'에 영향을 미치는 다양한 '원인(Cause)'들을 생선뼈 모양으로 시각화하여 전체적인 인과관계를 조망하는 도구다. 창안자인 이시카와 카오루의 이름을 따서 '이시카와 다이어그램'이라고도 부른다.

제조업에서는 주로 4M(Man, Machine, Material, Method)을 기준으로 분석하지만, 교육 컨설팅에서는 이를 교육적 맥락에 맞게 재구성하여 활용한다.

- 학습자 요인 (Learner): 학습자의 선수 지식 수준, 학습 동기, 심리적 저항, 선호하는 학습 스타일 등.
- 교수자 요인 (Teacher): 내용 전문가로서의 역량, 교수학적 전략(Pedagogy), 학생과의 라포(Rapport) 형성 정도 등.
- 환경 요인 (Environment): 캠퍼스나 연수원의 물리적 환경, 학습 지원 시스템(LMS), 조직 내 학습 문화 등.

- 교육과정 요인 (Curriculum): 교재의 최신성 및 난이도, 교육 내용의 현장 적용성, 평가 방식의 타당성 등.

피시본 다이어그램은 컨설팅 팀이 브레인스토밍을 진행할 때, 각 팀원이 제각기 던지는 아이디어를 체계적으로 분류하고 누락된 관점이 없는지 확인하는 데 매우 유용하다. 시각적으로 정리된 이 도구는 의뢰인에게 복잡한 문제 구조를 한눈에 이해시키는 훌륭한 보고 자료가 되기도 한다.

Prof's Insight. 반창고만 붙이는 컨설턴트가 되지 마십시오.

환자가 두통이 심해 병원을 찾았을 때, 의사가 정밀한 검사 없이 진통제만 처방한다면 당장의 통증은 잊게 할 수 있습니다. 하지만 만약 두통의 원인이 뇌 속의 종양이라면, 진통제는 오히려 환자가 골든타임을 놓치게 만드는 독이 될 것입니다. 우리는 이를 근본적인 치유가 아닌 표면적인 증상만을 다스리는 '대증 요법(Symptomatic Treatment)'이라 부릅니다.

교육 컨설팅 현장에서도 대증 요법의 유혹은 끊임없이 찾아옵니다." 직원들의 사기가 저하되었습니다" → "전사 체육대회를 개최하고 회식비를 지원합시다." 만약 진짜 원인이 '불공정한 인사 평가와 경직된 보상 체계'에 있다면, 화려한 이벤트와 회식은 오히려 직원들의 냉소만 부추길 뿐입니다.

"왜?"라고 묻는 것을 두려워하지 마십시오. 깊게 파고들수록 의뢰인의 치부가 드러나고 조직의 낡은 관행이 민낯을 드러낼 것입니다. 의뢰인은 당혹스러워할 수도 있습니다. 그러나 썩은 환부를 정확히 도려내야만 조직은 건강한 새살을 돋울 수 있습니다. 컨설턴트의 논리는 환자의 생명을 구하는 외과의사의 메스처럼 날카롭고 정교해야 함을 잊지 마십시오.

제3절. SWOT 분석 및 전략적 우선순위 도출

데이터 분석을 통해 문제의 근본 원인(Root Cause)을 규명했다고 해서 컨설팅의 모든 과정이 종결되는 것은 아니다. 원인이 밝혀졌더라도 조직이 보유한 자산과 에너지는 한정되어 있으며, 우리를 둘러싼 외부 환경은 끊임없이 변화하기 때문이다. 따라서 컨설턴트는 발견된 원인을 해결하기 위해 조직의 역량과 환경적 기회를 정교하게 매칭하는 '전략(Strategy)' 수립의 단계로 나아가야 한다.

본 절에서는 조직의 내·외부를 입체적으로 조망하는 SWOT 분석 기법과, 도출된 수많은 대안 중 실행 가능한 핵심 과제를 선별하는 우선순위 도출 기법을 다룬다.

1. SWOT 분석: 내부 역량과 외부 환경의 전략적 결합

SWOT 분석은 가장 대중적으로 알려진 분석 도구이지만, 실제 컨설팅 현장에서 이를 제대로 활용하기란 결코 쉽지 않다. 단순히 요소를 나열하는 수준을 넘어, 각 요소 간의 역동적인 상호작용을 파악하는 것이 핵심이다.

1) 분석 요소의 명확한 구분

SWOT 분석의 첫걸음은 내부 요인(S, W)과 외부 요인(O, T)을 엄격히 구분하는 데서 시작된다.

- 강점(Strength) & 약점(Weakness): 조직 내부에 존재하며 리더십이나 의사결정을 통해 스스로 통제 가능한 요인을 의미한다. (예: 교사의 높은 전공 전문성, 노후화된 교육 기자재, 유연한 조직 문화 등)
- 기회(Opportunity) & 위협(Threat): 조직 외부에 존재하며 개별 조직의 노력만으로는 통제할 수 없는 거시적 환경 요인을 의미한다. (예: 정부의 디지털 교육 예산 증액, 급격한 학령인구 감소, 에듀테크 기술의 발전 등)

2) Cross−SWOT (TOWS) 전략의 도출

단순히 네 가지 요소를 나열하는 것은 상황 파악에 불과하다. 진정한 분석은 이 요소들을 교차(Cross)시켜 구체적인 행동 지침(Action Plan)을 뽑아내는 과정에서 완성된다.

◆ 〈표 7−1〉 Cross−SWOT 전략 매트릭스

구분	기회 (Opportunity)	위협 (Threat)
강점 (Strength) 내부의 장점	SO 전략 (공격형) 강점을 살려 기회를 선점한다. (예: 우수 교사진 × 정부 지원 사업 → AI 선도학교 운영)	ST 전략 (우회/극복형) 강점을 활용해 위협을 피하거나 돌파한다. (예: 차별화된 프로그램 × 학생 감소 → 타 지역 학생 유치)
약점 (Weakness) 내부의 단점	WO 전략 (만회/방향전환형) 외부 기회를 살리기 위해 약점을 보완한다. (예: 기자재 확충 × 디지털 전환 트렌드 → 교수학습 지원 시스템 전면 개편)	WT 전략 (방어/생존형) 외부 위협을 막고 약점을 최소화한다. (예: 비효율 부서 통폐합 × 예산 삭감 → 조직 슬림화를 통한 생존 도모)

2. 전략적 우선순위 도출 (Prioritization)

Cross−SWOT 분석을 거치면 대개 10개 이상의 전략적 대안이 도출된다. 그러나 모든 대안을 동시에 추진하는 것은 현실적으로 불가능하며, 자원의 효율성을 떨어뜨린다. "모든 것이 중요하다"는 주장은 역설적으로 "어느 것도 중요하지 않다"는 말과 같다. 컨설턴트는 의뢰인이 최적의 '선택과 집중'을 할 수 있도록 의사결정의 기준을 제시해야 한다.

1) 아이젠하워 매트릭스: 중요도와 시급성의 조화

업무의 성격을 중요도(Importance)와 시급성(Urgency)이라는 두 축을 기준으로 4분면에 배치하여 우선순위를 결정한다.

- 제1분면 (중요하고 시급함): 즉각적인 대응이 필요한 위기(Crisis) 과제다. (예: 대규모 중도 탈락 방지를 위한 긴급 면담)
- 제2분면 (중요하지만 시급하지 않음): 조직의 장기적인 성장을 결정짓는 핵심 과제(Planning)다. 컨설턴트가 가장 집중해야 할 영역이며, 예방과 역량 강화가 여기에 해당한다.
- 제3분면 (시급하지만 중요하지 않음): 단순 행정 업무나 불필요한 회의 등 방해 요인(Distraction)이다. 과감히 위임하거나 시스템으로 자동화해야 한다.
- 제4분면 (중요하지도 시급하지도 않음): 시간 낭비 요인(Waste)이다. 과감히 제거해야 할 대상이다.

2) 페이오프 매트릭스 (Pay-off Matrix): 현실적 실행력 확보

실무 컨설팅에서 가장 효과적으로 활용되는 도구다. 실행 용이성(Feasibility/Effort)과 기대 효과(Impact)를 축으로 삼는다.

- Quick Wins (실행 쉽고 효과 큼): 적은 비용으로 큰 효과를 볼 수 있는 과제다. 컨설팅 초기에 성공 경험을 제공하여 의뢰인의 신뢰를 얻는 데 매우 중요하다. (예: 보고 절차 간소화)
- Major Projects (실행 어렵지만 효과 큼): 조직의 운명을 바꿀 핵심 전략 과제다. 장기적 자원 배분이 필요하다. (예: 역량 중심 교육과정 전면 개편)
- Fill-ins (실행 쉽지만 효과 작음): 가용 자원이 남을 때 처리하는 보조적 과제다.
- Thankless Tasks (실행 어렵고 효과 작음): 투입 대비 성과가 낮으므로 전략적으로 포기(Drop)한다.

스티브 잡스는 생전에 "진정한 혁신은 'No'라고 말하는 것에서 시작된다"고 강조했습니다. 전략(Strategy)이라는 단어의 기원은 전쟁터에서 승리하기 위해 군사력을 어디에 집중하고 어디에서 뺄지를 결정하는 장수의 안목에서 유래했습니다. 모든 전선에서 승리하려다가는 결국 모든 전선에서 패배하게 됩니다.

초보 컨설턴트들은 의뢰인을 만족시키기 위해 수십 가지의 개선안을 백화점 나열식으로 제안하는 우를 범하곤 합니다. 하지만 의뢰인에게 줄 수 있는 최고의 가치는 "지금 이 시점에 이것만큼은 반드시 하십시오. 그리고 나머지는 잠시 잊으셔도 좋습니다."라고 말해주는 단호한 우선순위입니다. 버리는 용기를 제안하십시오. 그것이 의뢰인의 자원을 보호하고 성공 가능성을 높이는 유일한 길입니다.

Workbook 7-1. 교육 현장 맞춤형 Fishbone 차트

⊙ 활동 목표

표면적 현상 아래 숨겨진 교육적 원인들을 체계적으로 분류한다.

⊙ 구성

본문 5페이지의 교육적 4대 요인(Learner, Teacher, Environment, Curriculum)을 골격으로 한 템플릿이다.

⊙ 실습 가이드

1. 해결하고자 하는 핵심 현상을 물고기 머리 부분에 기재한다.
2. 네 가지 뼈대(요인)별로 브레인스토밍을 통해 원인을 세부적으로 나열한다.
3. 팀 토론을 통해 가장 결정적인 근본 원인(Root Cause)에 빨간색 동그라미를 친다.

Workbook 7-2. 전략적 우선순위 캔버스

⊙ 활동 목표

도출된 대안 중 자원을 집중할 핵심 과제를 선별한다.

⊙ 구성

X축(실행 용이성)과 Y축(기대 효과)으로 이루어진 2x2 매트릭스다.

⊙ 실습 가이드

- Cross-SWOT을 통해 나온 해결책들을 포스트잇에 한 개씩 적는다.
- 매트릭스 위에서 각 해결책의 위치를 논의하며 배치한다.
- 'Quick Wins'와 'Major Projects' 영역에 있는 과제 3가지를 최종 전략 과제로 선정한다.
- 'Thankless Tasks' 영역에 배치된 항목들을 보며, 왜 이것을 포기해야 하는지 논리를 구성해 본다.

심화 토론

▌주제 1. 숫자의 함정과 컨설턴트의 윤리

"본문에서 '데이터는 정답이 아니라 신호일 뿐'이라고 강조했습니다. 교육 현장에서 취업률이나 중도 탈락률 같은 수치가 실제 교육의 질을 왜곡했던 구체적인 사례를 찾아보고, 우리는 컨설턴트로서 데이터 뒤에 숨겨진 '사람의 이야기'를 읽어내기 위해 어떤 윤리적 태도를 견지해야 할지 토론해 봅시다."

▍주제 2. 5 Whys의 한계와 실천적 타협

"근본 원인을 추적하다 보면 종종 '정부 정책'이나 '재단 이사장님의 철학' 등 실무 차원에서 해결할 수 없는 거대 담론에 부딪히게 됩니다. 컨설턴트로서 '근본적인 해결책'의 이상과 '실행 가능한 대안'의 현실 사이에서 어떤 지점에 방점을 찍어야 할까요?"

▍주제 3. '버리는 결정'에 대한 의뢰인 설득 전략

"의뢰인은 자신이 낸 비용만큼 많은 결과물을 얻고 싶어 합니다. 따라서 80%의 과제를 포기하라는 컨설턴트의 제안에 거부감을 느낄 수 있습니다. 스티브 잡스가 말한 '버리는 전략'이 왜 궁극적으로 의뢰인에게 이득이 되는지, 논리적이고 다정한 언어로 의뢰인을 설득하는 시나리오를 작성해 봅시다."

제8장 해결책 솔루션 설계 및 개발

제1절. 해결책의 선정과 블렌디드 접근

숙련된 의사는 환자를 진단한 결과 '고혈압'이라는 원인을 찾아냈을 때, 모든 환자에게 동일한 처방을 내리지 않는다. 어떤 환자에게는 즉각적인 약물 처방(교육적 개입)이 필요하지만, 또 다른 환자에게는 식단 조절(환경 개선)이나 운동 습관 형성(동기 부여)이 본질적인 해결책이 될 수 있다. 대부분의 만성 질환이 그러하듯, 조직의 문제 역시 여러 처방을 병행하는 '복합 처방'이 이루어질 때 비로소 완치에 가까워진다.

교육 컨설팅의 해결책 선정 과정 역시 이와 객락을 같이 한다. 세상에 단 하나의 처방으로 모든 문제를 해결하는 '만병통치약'은 존재하지 않는다. 유능한 컨설턴트는 다양한 해결책의 레시피를 보유하고 있어야 하며, 진단 결과에 따라 각 솔루션을 최적의 비율로 배합(Blend)할 줄 아는 '설계 역량'을 갖추어야 한다. 이를 위해 우리는 먼저 해결책의 두 가지 큰 줄기를 이해해야 한다.

1. 해결책(Intervention)의 두 가지 축: 교육적 개입 vs. 비교육적 개입

수행공학(HPT)의 관점에서 조직 구성원의 성과 저하를 해결하는 개입 방식은 크게 '교육적 개입'과 '비교육적 개입'으로 분류된다. 이 둘을 가르는 결정적인 기준은 매우 명료하다. 바로 "몰라서 못 하는가(Can't do), 아니면 알면서도 안 하는가(Won't do)?"라는 질문이다.

1) 교육적 개입 (Instructional Intervention)

- 적용 상황: 문제의 근본 원인이 대상자의 지식(Knowledge)이나 기술(Skill)의 부재에 있을 때 선택한다. 즉, "수행 방법이나 원리를 몰라서 과업을 완수하지 못하는 경우"다.
- 특징: 학습자의 인지적 역량을 변화시키는 데 주력한다.
- 주요 솔루션: 오프라인 집합 교육, 실시간 웨비나, e-러닝, 워크숍, 표준 매뉴얼 학습, OJT(현장 훈련) 등이 이에 해당한다.

2) 비교육적 개입 (Non-instructional Intervention)

- 적용 상황: 문제의 원인이 개인의 역량이 아닌 외부 환경, 도구, 보상 시스템, 혹은 내재적 동기의 결여에 있을 때 선택한다. 즉, "할 줄은 알지만, 수행할 여건이 갖춰지지 않았거나 수행할 마음이 생기지 않는 경우"다.
- 특징: 학습자를 둘러싼 시스템과 환경을 최적화하여 성과를 유도한다.
- 주요 솔루션:

  환경 및 도구: 복잡한 행정 프로세스 간소화, 협업 소프트웨어 도입, 최적의 학습 공간 재배치.

  동기 및 인센티브: 공정한 성과급 제도 설계, 인정과 칭찬의 조직 문화 구축, 개인의 가치와 조직의 비전 정렬.

  조직 및 제도: R&R(역할과 책임)의 명확한 재정의, 수직적 의사결정 구조의 유연화.

◆ 〈표 8-1〉 수행 원인에 따른 해결책 선정 가이드

문제의 원인	컨설턴트의 핵심 질문	권장 해결책 및 구체적 예시
지식 및 기술 부족	"적절한 수행 방법을 인지하고 있는가?"	교육적 솔루션 : 신규 직무 교육, 코칭, 멘토링
정보 및 도구 부족	"수행에 필요한 정보와 자원이 충분한가?"	환경적 솔루션 : 업무 지원 도구 제공, 정보 공유 시스템 구축

프로세스 및 기준 미비	"일하는 절차와 기대 수준이 명확한가?"	시스템 솔루션 : 업무 매뉴얼 최적화, 업무 프로세 스 재설계(BPR)
동기 및 보상 부족	"성과를 냈을 때 긍정적 피드백이 있는가?"	제도적 솔루션 : 평가 체계 개선, 인센티브 강화, 비전 내재화

2. 블렌디드 솔루션(Blended Solution)의 역동적 설계

조직 내에서 발생하는 복잡한 난제들은 대개 단일한 요인이 아니라, 여러 요인이 실타래 처럼 얽혀 발생한다. 따라서 이에 대한 처방 역시 교육과 비교육이 유기적으로 결합된 '블 렌디드(Blended)' 형태를 띠어야 효과를 거둘 수 있다.

- 사례 분석: "신입사원의 조기 퇴사율 급증" 많은 기업이 이 문제를 해결하기 위해 '정 신 교육'이나 '워크숍' 같은 교육적 접근에만 매몰되곤 한다. 그러나 진정한 솔루션 설계는 다음과 같이 입체적으로 이루어져야 한다.
- 교육적 측면 (HRD): 조직 적응력을 높이는 온보딩(On-boarding) 프로그램 강화.
- 제도적 측면 (HRM): 심리적 안전감을 제공하는 멘토링 및 버디 제도 도입.
- 환경적 측면 (OD): 신입사원의 의견이 반영될 수 있는 수평적 소통 문화 조성 및 팀 장 대상 리더십 코칭 실시.

이처럼 교육이 '변화의 씨앗'을 심는 것이라면, 비교육적 개입은 그 씨앗이 잘 자랄 수 있도록 '토양과 햇빛'을 제공하는 것과 같다. 이 세 가지 요소가 동시다발적으로 투입될 때, 비로소 조직의 성과는 가시적으로 변화한다.

3. 70:20:10 모델의 적용: 학습의 생태계 이해하기

로마르도와 아이칭거(Lombardo & Eichinger)의 연구에 기반한 '70:20:10 모델'은 성과를 창출하는 인재들이 실제로 어디서 배우는지를 극명하게 보여준다. 컨설턴트는 솔루션을 설계할 때 이 비율이 시사하는 바를 무겁게 받아들여야 한다.

1) 70% : 경험을 통한 학습 (Experiential Learning)

학습의 가장 큰 부분은 강의실이 아닌 업무 현장에서 직접 문제를 해결하며 부딪치는 과정에서 일어난다.

- 컨설팅 적용: 단순 지식 전달에 그치지 말고, 학습자가 현업에 돌아가 즉시 실행해 볼 수 있는 '액션 러닝(Action Learning) 과제'나 현장의 난제를 해결하는 '전략적 프로젝트'를 솔루션의 핵심으로 설계해야 한다.

2) 20% : 관계를 통한 학습 (Social Learning)

동료와의 협업, 상사로부터의 피드백, 전문가의 멘토링 등 타인과의 상호작용을 통해 학습이 심화된다.

- 컨설팅 적용: 교육 종료 후 현업에서 지지받을 수 있는 '전문가 코칭 시스템'을 구축하거나, 조직 내 '학습 커뮤니티(CoP)'를 활성화하여 지식이 공유되는 흐름을 만들어야 한다.

3) 10% : 공식적인 학습 (Formal Learning)

우리가 흔히 교육이라고 부르는 강의, 독서, 세미나 등이다. 이는 학습의 전체 양에서 10%에 불과하지만, 나머지 90%를 추동하는 중요한 '트리거(Trigger, 방아쇠)' 역할을 수행한다.

- 컨설팅 적용: 10%의 교육은 학습자에게 '왜 변화해야 하는가'라는 강력한 동기를 부여하고, 실행에 필요한 '최소한의 프레임워크'를 제공하는 데 집중해야 한다.

예비 컨설턴트 여러분, 어떤 컨설턴트의 도구 상자에는 오직 '교육'이라는 이름의 망치 하나만 들어있습니다. 그들에게는 모든 조직의 문제가 못으로 보이며, 그저 세게 가르치고 때려 박으면 해결될 것이라고 믿습니다.

하지만 진정한 전문가의 도구 상자는 다릅니다. 거기에는 무지(無知)를 깨뜨리는 망치(교육)뿐만 아니라, 삐걱거리는 조직의 소음을 줄여주는 기름칠용 오일(제도 개선), 느슨해진 목표 의식을 조여주는 드라이버(성과 보상 체계), 그리고 어두운 불확실성 속에서 나아갈 길을 비추는 손전등(비전과 가치 공유)이 고루 담겨 있어야 합니다.

고객이 간절한 목소리로 "우리 애들을 좀 교육시켜 주세요"라고 요청할 때, 여러분은 미소 짓되 속으로는 냉철하게 질문해야 합니다. '교육은 변화의 10%를 시작할 뿐이다. 나머지 90%를 채워줄 본질적인 솔루션은 무엇인가?'

이 질문을 멈추지 않는 한, 여러분은 단순한 지식 전달자인 '강사'를 넘어 조직의 운명을 바꾸는 진정한 '컨설턴트'로 우뚝 서게 될 것입니다. 여러분의 도구 상자를 풍성하고 정교하게 채워 가십시오.

제2절. 교육적 솔루션(HRD) 설계: 성과를 위한 학습의 재구성

앞서 우리가 수행공학적 진단을 통해 문제의 원인이 '지식과 기술의 부족(Lack of K/S)'으로 판명되었다면, 컨설턴트는 이를 해결하기 위한 교육적 솔루션(Instructional Intervention)을 처방하게 된다. 그러나 여기서 주의해야 할 점이 있다. 컨설팅의 맥락에서 이루어지는 교육 설계는 우리가 익숙한 학교 현장의 수업 설계와는 그 목적과 지향점이 근본적으로 다르다는 사실이다.

학교 교육의 일차적 목적이 체계적인 지식의 습득(Learning)과 지적 성장에 있다면, 기업 및 조직 컨설팅에서의 교육은 철저하게 '행동의 변화(Behavior Change)'와 이를 통한 '실질적 성과 창출(Performance Improvement)'에 초점을 맞춘다. 따라서 컨설턴트는 "학습자에게 무엇을 가르칠 것인가"라는 교수자 중심의 사고에서 벗어나, "학습자가 현업에서 어떻게 지식을 활용하게 할 것인가"라는 철저한 실행 중심의 설계를 단행해야 한다.

1. 성과 중심 교수설계 (Performance-Based ID): 역산의 미학

전통적인 교수설계가 '교과서'나 '표준 커리큘럼'을 기준으로 내용을 구성한다면, 성과 중심 설계는 '현장의 문제'와 '기대 성과'를 먼저 정의한 뒤 이를 달성하기 위한 요건들을 역순으로 도출하는 역산 설계(Backward Design) 방식을 취한다.

1) 'Must learn' vs. 'Nice to learn'의 엄격한 선별

컨설턴트는 해당 분야의 내용 전문가(SME, Subject Matter Expert)가 전달하고 싶어 하는 방대한 지식의 바다에서, 문제 해결에 즉각적으로 기여하는 '핵심 정수'만을 발라낼 줄 알아야 한다.

- Must learn (필수): 이 지식이 없으면 당장 내일 업무 수행이 불가능하거나 치명적

인 오류가 발생하는 핵심 역량이다. 설계의 80%를 이 영역에 집중해야 한다.

- Nice to learn (알면 좋음): 업무 수행에 도움이 될 수는 있으나, 당장의 문제 해결과는 거리가 있는 교양 수준의 지식이다. 과감히 강의 내용에서 제거하거나 사후 읽기 자료(Reference)로 돌려 학습자의 인지 과부하를 막아야 한다.

2) 모듈화(Modularization)와 마이크로 러닝의 실천

현대 조직의 구성원들은 극도의 시간 압박 속에 살아간다. 이들을 며칠씩 연수원에 격리하는 전통적인 방식은 학습 효과보다 업무 공백에 대한 불안감을 키울 뿐이다. 따라서 컨설턴트는 학습 내용을 유의미한 최소 단위(Chunking)로 쪼개어, 학습자가 필요할 때 즉시 현장에서 꺼내 볼 수 있는 '모듈형 콘텐츠'나 '마이크로 러닝(Micro-learning)' 형태로 설계해야 한다. 이는 학습의 접근성을 높일 뿐만 아니라, 필요한 지식만 골라 배우는 'Just-in-time' 학습을 가능하게 한다.

2. 액션 러닝 (Action Learning): 일(Work)과 학습(Learning)의 창조적 융합

교육과 업무 현장의 경계를 허무는 가장 강력한 컨설팅 솔루션은 단연 액션 러닝(Action Learning)이다. 레그 레반스(Reg Revans)가 제안한 이 개념은 "학습은 프로그래밍된 지식과 통찰력 있는 질문의 합"이라는 방정식으로 설명된다. 즉, 이미 정해진 답을 배우는 것이 아니라 실제 현장의 난제(Real Problem)를 해결하며 배우는 방식이다.

⊙ 액션 러닝의 핵심 4요소

- 과제 (Real Problem): 조직이 실제로 고민하고 있는, 정답이 정해져 있지 않은 날것 그대로의 문제다. (예: "우리 학교의 신입생 충원율을 5% 올리기 위한 마케팅 전략 수립")
- 러닝 팀 (Learning Group): 다양한 관점을 가진 4~6명의 구성원이 한 팀이 되어 집단 지성을 발휘한다.
- 질문과 성찰 (Questioning & Reflection): 외부 전문가의 강의를 듣는 대신, 팀원끼

리 서로 "왜 그럴까?"라고 질문하고 그 과정을 되돌아보며 스스로 해법을 찾아간다.

- 러닝 코치 (Learning Coach): 컨설턴트는 여기서 지식을 주입하는 강사가 아니다. 팀원들이 올바른 질문을 던지고 논리적으로 사고할 수 있도록 과정을 촉진하는 '퍼실리테이터' 역할을 수행한다.

액션 러닝은 교육이 끝남과 동시에 실제적인 문제 해결안(Output)이 도출되므로, 비용 대비 효과를 중시하는 경영진이나 의뢰인으로부터 가장 높은 신뢰를 받는 솔루션이기도 하다.

3. 학습 전이(Transfer of Training) 전략의 입체적 내재화

교육 현장에서 아무리 훌륭한 강의가 이루어지고 학습자의 만족도가 5.0 만점을 기록했다 하더라도, 그 내용이 현업에 돌아가 실제로 적용되지 않는다면 그 컨설팅은 실패한 것이다. 이를 '학습 전이(Transfer)의 실패'라고 부른다. 유능한 컨설턴트는 교육 프로그램(During) 자체의 품질뿐만 아니라, 교육 전(Pre)과 후(Post)의 심리적·환경적 장치까지 함께 설계해야 한다.

◆ 〈표 8-2〉 단계별 학습 전이 극대화 전략

단계	주요 전략적 활동	컨설턴트의 설계 포인트
교육 전 (Pre)	기대감 및 관련성 조성	– 학습자가 "이 교육은 내 고통을 해결해 줄 도구다"라고 느끼게 만드는 사전 티저 뉴스레터나 진단 보고서 발송. – 부서장이 교육의 중요성을 강조하고, 학습 중에는 업무 연락을 자제하겠다는 '학습 보호 선언' 유도.
교육 중 (During)	현장 유사성 및 실전성 확보	– 이론 강의 비중을 30% 이하로 줄이고, 실제 업무 상황을 재현한 롤플레잉(Role-play)과 사례 연구(Case Study) 배치. – 현업에서 실제로 사용하는 문서 양식이나 툴킷(Toolkit)을 활용해 실습 진행.

교육 후 (Post)	실행 지원 및 강화 시스템	– 사후 코칭: 교육 1개월 후 현업 적용 시 발생하는 애로사항을 해결해 주는 클리닉 세션 운영. – 리마인드: 핵심 내용을 요약한 카드 뉴스나 숏폼 영상을 주기적으로 발송. – 성공 사례 공유: 배운 내용을 실천해 성과를 낸 직원의 사례를 전사에 공유하고 포상하는 문화 조성.

Prof's Insight. 세상에서 가장 먼 거리

여러분, 세상에서 가장 먼 거리가 어디인지 아십니까? 바로 우리의 '머리에서 손끝까지'의 거리라고 합니다.

학습자들이 강의실 문을 나서는 순간, 에빙하우스의 망각 곡선은 무섭게 작동하기 시작합니다. 배운 내용의 상당 부분이 순식간에 휘발되고, 사무실 책상에 앉는 순간 산더미처럼 쌓인 업무와 상사의 서슬 퍼런 눈치 때문에 배은 것을 실천해 볼 여유조차 사라집니다.

컨설턴트의 진정한 실력은 '화려한 언변'이나 '깔끔한 강의 자료'에 있지 않습니다. 학습자들이 현업이라는 차가운 현실에 부딪혔을 때, 배운 내용 중 단 10%라도 손끝으로 실행하게 만드는 '집요한 사후 설계'에 있습니다.

교육생의 입에서 나오는 "오늘 강의 정말 감동적이었습니다"라는 찬사에 안주하지 마십시오. 의뢰인의 입에서 "교수님의 솔루션 덕분에 우리 직원들의 행동이 실제로 바뀌었습니다"라는 고백이 나올 때, 비로소 여러분의 컨설팅은 완성되는 것입니다. 여러분의 설계는 언제나 '현장'을 향해 있어야 함을 잊지 마십시오.

제3절. 비교육적 솔루션(OD/HRM) 설계: 시스템과 문화의 변화

수행공학(HPT)의 아버지라 불리는 토마스 길버트(Thomas Gilbert)는 그의 저서 『Human Competence』를 통해 "개인의 역량 부족보다 환경의 결함이 성과 부진의 더 큰 원인이다"라고 역설하였다. 그는 인간의 수행을 결정짓는 요인 중 개인이 통제할 수 있는 내적 요인은 단 25%에 불과하며, 나머지 75%는 조직이 제공하는 외적 환경에 달려 있다고 주장하였다.

아무리 뛰어난 기량을 가진 F1 레이서(개인 역량)라 할지라도, 차량의 엔진이 노후화되었거나(도구), 트랙의 노면 상태가 엉망이라면(환경) 결코 우승컵을 들어 올릴 수 없다. 유능한 컨설턴트는 사람을 개조하고 훈련하기 이전에, 그 사람이 최상의 성과를 낼 수 있도록 돕는 '수행 환경'을 먼저 설계해야 한다. 이것이 바로 교육을 넘어서는 처방, 즉 비교육적 솔루션의 핵심적 가치다.

1. 수행 지원 도구(PST) 개발: 기억의 부담을 줄이는 기술

수행 지원 도구(Performance Support Tool, PST)는 특정 지식을 학습자의 머릿속에 억지로 집어넣는 대신, 업무를 수행하는 그 결정적인 순간(Moment of Need)에 즉각적인 도움을 주는 모든 보조 장치를 일컫는다. 이는 인지 부하를 줄이고 작업의 정확도를 비약적으로 높여준다.

1) 퀵 가이드(Quick Guide) 및 잡 에이드(Job–Aid)

두꺼운 매뉴얼은 실무 현장에서 외면받기 일쑤다. 컨설턴트는 방대한 운영 절차 중 핵심만을 발췌하여 한눈에 들어오는 'One Page 가이드'로 재구조화해야 한다. 이를 업무 공간이나 기계 조작부 옆에 부착함으로써, 학습 없이도 숙련된 수행이 가능하도록 돕는다.

2) 체크리스트(Checklist)의 일상화

아툴 가완디(Atul Gawande)가 강조했듯, 복잡한 현대 사회의 업무는 기억력만으로 완수하기 어렵다. 비행기 조종사나 외과 의사처럼 단 한 번의 실수가 치명적인 결과를 초래하는 직무일수록, 절차를 하나씩 체크하며 수행하게 하는 도구 설계가 필수적이다. (예: '신규 입사자 온보딩 체크리스트', '정기 시설 점검 리스트')

3) 템플릿(Template) 및 표준 양식

기획안이나 보고서 작성을 어려워하는 구성원들에게는 백지 상태에서 고민하게 하기보다, '항목별로 채워 넣기만 하면 완성되는' 표준 템플릿을 제공하는 것이 훨씬 효과적이다. 이는 조직 전체의 업무 품질을 상향 평준화하고 작성 시간을 획기적으로 단축한다.

4) 전자 수행 지원 시스템(EPSS)

최근에는 디지털 전환(DX)과 맞물려 챗봇(Chatbot)이나 시스템 내 실시간 가이드 프로그램이 EPSS의 역할을 수행한다. 학습자가 업무용 소프트웨어를 사용할 때 다음 단계의 행동을 팝업으로 안내해 주거나, 모르는 것을 즉시 검색하여 해결하게 하는 기술적 지원을 의미한다.

2. 제도 및 시스템 개선(HRM): 조직의 보상 체계 정렬

조직의 구성원들은 본능적으로 '조직이 보상하는 방식'에 맞추어 자신의 에너지를 배분한다. 만약 교육장에서 "동료 간의 협력이 가장 중요하다"고 가르치면서도, 실제 인사 평가 시스템은 "개인 실적 1위에게만 파격적인 인센티브"를 부여한다면 현장에서 협력은 절대로 일어나지 않는다. 컨설턴트는 이와 같은 '정렬(Alignment)의 불일치'를 포착하고 이를 교정하는 게임의 규칙을 설계해야 한다.

1) 평가 및 보상 시스템의 재설계

조직이 지향하는 핵심 가치(예: 지식 공유, 부서 간 협업)를 KPI(핵심성과지표)에 명시적으로 반영해야 한다. 단순히 실적 중심의 보상을 넘어, 동료들로부터 인정받는 문화를 구축하고 이를 승진 가점이나 유급 휴가 등 유무형의 보상으로 연결할 때 구성원의 행동은 변화하기 시작한다.

2) R&R(Role & Responsibility) 명확화 및 RACI 매트릭스

많은 조직 갈등은 업무의 중복이나 누구의 책임인지 모호한 '회색 지대(Gray Zone)'에서 발생한다. 컨설턴트는 직무 기술서를 최신화하고, 업무 프로세스별로 RACI 매트릭스(Responsible, Accountable, Consulted, Informed)를 적용하여 의사결정 권한과 책임을 명확히 규정해 주어야 한다.

3) 채용 및 배치 프로세스의 고도화

애초에 특정 직무에 적합하지 않은 기질을 가진 사람을 선발했다면, 사후 교육만으로 그를 변화시키는 데는 엄청난 비용과 시간이 소모된다. 컨설턴트는 조직의 인재상에 부합하는 '역량 모델링'을 수립하고, 이를 기반으로 한 구조화된 면접과 배치 시스템을 제안함으로써 근본적인 인적 자원의 질을 개선해야 한다.

3. 조직 문화 및 물리적 환경 개선(OD): 공기와 그릇의 변화

조직 문화(Culture)는 눈에 보이지 않지만 구성원의 행동을 제약하는 '보이지 않는 손'과 같고, 물리적 환경(Space)은 그 문화를 담아내는 '그릇'과 같다.

1) 조직 개발(OD) 캠페인 및 행동 양식의 변화

경직된 권위주의 문화를 타파하기 위해 호칭 파괴, '회의 없는 날' 지정, 실패를 축하하는 '실패 파티(Failure Party)' 개최 등 상징적인 활동을 설계한다. 이러한 캠페인은 구성원들에게 "우리 조직이 변하고 있다"는 강력한 심리적 신호를 보낸다.

2) 공간 혁신과 넛지(Nudge) 디자인

- 공간의 구조는 인간의 소통 방식을 결정한다. 부서 간 장벽을 허물고 싶다면 사무실의 높은 칸막이를 낮추거나, 커피 머신 주위에 자연스러운 대화가 일어날 수 있는 '라운지'를 조성하는 것만으로도 소통량이 급증할 수 있다.
- 교육 현장의 예: 학생들의 창의적 토론을 유도하기 위해 고정된 칠판 중심의 교실을 사방이 화이트보드로 된 '플립 러닝(Flipped Learning)' 전용실로 리모델링하거나, 교실 중앙에 무대를 배치하는 등의 공간적 변화를 제안할 수 있다.

◆ 〈표 8-3〉 교육적 솔루션(HRD) vs. 비교육적 솔루션(OD/HRM/PST) 비교

구분	교육적 솔루션 (HRD)	비교육적 솔루션 (OD/HRM/PST)
개입 대상	학습자 개인 (Person)	외부 시스템 및 환경 (Environment)
핵심 목적	지식과 기술의 내면화 (Learning)	수행 결과의 직접적 개선 (Impact)
접근 방법	강의, 실습, 코칭, 워크숍	제도 설계, 도구 제공, 공간 혁신
효과 발현	다소 완만함 (학습 및 전이 시간 필요)	매우 즉각적 (시스템 적용 즉시 변화)
지속성	망각이나 동기 저하로 감퇴 가능	제도와 환경이 유지되는 한 영구적 지속

Prof's Insight. 사막에는 꽃을 심지 마십시오.

교수로서 수많은 현장을 목격하며 가장 안타까웠던 순간은, 메마른 사막과 같은 조직 환경(잘못된 시스템)에 귀한 인재라는 꽃을 심어놓고는 "왜 너는 시들시들하니? 너의 열정과 정신력이 부족한 탓이야!"라고 꾸짖는 리더들을 볼 때였습니다. 그들은 꽃이 죽어가는 본질적인 이유를 외면한 채, 비싼 영양제(단기 교육)만 주사하며 위안을 삼곤 합니다.

하지만 기억하십시오. 토양의 산성도와 기후가 바뀌지 않는 한, 아무리 훌륭한 꽃도 금방 고사하고 맙니다.

진정한 컨설턴트는 꽃을 탓하기 전에, 흙을 갈아엎고(제도 개선), 물길을 내어주며(수행 지원 도구), 적절한 그늘을 만들어주는(조직 문화) 정원사가 되어야 합니다. "개인의 의지력보다 시스템의 힘이 훨씬 강하다"는 수행공학의 명제를 가슴에 새기십시오. 훌륭하게 설계된 시스템은 평범한 사람조차 비범한 성과를 내게 만드는 기적을 일으킵니다.

제4절. 퍼실리테이션(Facilitation) 워크숍 설계: 현장의 지혜를 깨우는 기술

"답은 현장에 있다"는 말은 교육 컨설팅 현장에서 변하지 않는 진리다. 컨설턴트가 아무리 탁월한 분석 도구와 이론적 배경을 갖추었을지라도, 매일 그 직무를 수행하며 현장의 미묘한 맥락과 고충을 몸소 체험하는 실무자보다 업무의 디테일을 더 잘 알 수는 없기 때문이다. 과거의 컨설팅이 컨설턴트가 분석한 결과를 일방적으로 주입하는 '처방형'이었다면, 현대의 교육 컨설팅은 구성원들이 스스로 문제를 진단하고 실행 가능한 해결책을 직접 설계하도록 조력하는 '참여형 문제 해결(Participatory Problem Solving)'의 비중이 비약적으로 높아지고 있다.

이때 컨설턴트에게 요구되는 가장 정교한 핵심 역량이 바로 퍼실리테이션(Facilitation)이다. 'Facile(쉽게 하다, 돕다)'이라는 라틴어 어원처럼, 퍼실리테이션은 복잡하게 얽힌 이해관계와 의사결정의 난맥상을 '쉽게' 풀어내어 집단 지성이 원활하게 흐르도록 돕는 촉진 기술을 의미한다.

1. 퍼실리테이션의 핵심 철학: 내용 전문가에서 프로세스 전문가로

퍼실리테이터로서의 컨설턴트는 논의되는 주제의 답을 직접 제시하는 '내용 전문가(Content Expert)'가 아니라, 논의가 이루어지는 과정과 상호작용의 질을 관리하는 '프로세스 전문가(Process Expert)'로 정체성을 재정립해야 한다.

1) 고도의 중립성(Neutrality)과 심리적 안전감

퍼실리테이터는 특정 아이디어나 파벌에 치우치지 않는 심판의 역할을 수행해야 한다. 컨설턴트가 자신의 지식을 과시하거나 특정 결론으로 유도하려는 기색을 보이는 순간, 참가자들은 입을 닫고 '컨설턴트가 원하는 답'만을 내놓게 된다. 에이미 에드먼슨(Amy Edmondson)이 강조한 '심리적 안전감(Psychological Safety)'을 구축하여, 어떤 엉뚱한 의견을 내놓아도 비난받지 않는다는 확신을 주는 것이 퍼실리테이션의 시작이다.

2) 집단 지성(Collective Intelligence)의 시너지

"우리 모두는 우리 중 그 누구보다 똑똑하다." 퍼실리테이션은 한 명의 천재적 영웅에게 의존하는 것이 아니라, 구성원들의 '인지적 다양성(Cognitive Diversity)'을 결합하여 최적의 합의를 이끌어내는 과정이다. 컨설턴트는 이 집단 지성이 발현될 수 있도록 개별 의견의 '파편'들을 연결하여 거대한 '지식의 지도'를 그려내야 한다.

2. 참여를 이끄는 사고의 구조: 샘 케이너의 다이아몬드 모형

샘 케이너(Sam Kaner)는 그룹의 의사결정 과정을 다이아몬드 형태의 3단계로 구조화하였다. 성공적인 워크숍 설계는 이 사고의 확장과 수축 과정을 정교하게 제어하는 데 달려 있다.

⊙ 1단계: 발산 (Divergence) – "비판을 보류하고 확산하라"

가능한 한 많은 아이디어를 끄집어내는 단계다. 이 단계의 목표는 질보다 양이다.

- 원칙: 판단 유보(Defer Judgment), 자유분방(Wild Ideas), 결합과 개선 (Hitchhiking).
- 주요 기법: 브레인라이팅(Brainwriting)은 침묵 속에서 각자의 생각을 먼저 글로 쓰게 함으로써, 외향적인 사람에 의해 논의가 독점되는 '집단 사고(Groupthink)'의 오류를 방지하는 데 탁월하다.

⊙ 2단계: 신음 지대 (Groan Zone) – "혼란과 모호함을 견뎌라"

퍼실리테이션의 성패가 결정되는 가장 고통스러운 구간이다. 쏟아져 나온 수많은 아이디어가 서로 상충하고 뒤섞이면서, 참가자들은 극심한 인지적 불협화음과 혼란을 느낀다. "도대체 결론이 뭐야?", "이게 시간 낭비지!"라는 불만이 터져 나오는 시기다.

- 컨설턴트의 역할: 초보자는 이 침묵과 갈등을 견디지 못하고 서둘러 투표로 결론을

내버리려 한다. 하지만 유능한 퍼실리테이터는 "지금의 혼란은 창조적 붕괴이며, 더 높은 수준의 결론을 위한 필연적인 산통(産痛)입니다"라고 참가자들을 안심시켜야 한다. 서로의 관점을 깊이 있게 이해하고 통합하려는 인내심 있는 지원이 이 지대에서 발휘되어야 한다.

⊙ **3단계: 수렴 (Convergence) – "최선의 합의점을 선별하라"**

정리된 아이디어 중 실행 가능성과 효과성을 고려하여 최종적인 의사결정을 내리는 단계다.

- 주요 기법: 다중 투표(Dot Voting)로 후보군을 좁힌 뒤, 페이오프 매트릭스(Pay-off Matrix)를 활용하여 자원 대비 효과가 큰 핵심 과제를 선정한다.

3. 주요 워크숍 기법(Tool-kit): 상호작용의 아키텍처

컨설턴트는 워크숍의 목적과 규모에 따라 적절한 도구를 선택하는 '툴킷(Tool-kit) 설계자'가 되어야 한다.

1) 월드 카페 (World Café): 연결을 통한 창발

카페처럼 편안한 분위기에서 소그룹으로 대화하고, 주기적으로 테이블을 이동(Rotation)하여 지식을 연결하는 기법이다.

- 핵심 원칙: '상호교차 오염(Cross-pollination)'을 통해 각 테이블의 지식이 전체로 퍼져나가게 한다. 조직의 비전 수립이나 소통 문화 개선처럼 '공감대 형성'이 주 목적인 컨설팅에서 매우 강력한 힘을 발휘한다.

2) 오픈 스페이스 테크놀로지 (OST): 자율성의 극대화

별도의 의제 없이 참가자들이 직접 논의하고 싶은 주제를 발제하여 시장(Marketplace)을 여는 방식이다.

- 두 발의 법칙(Law of Two Feet): "지금 참여하는 세션에서 배우거나 기여할 수 없

다고 느껴진다면, 두 발을 이용해 자신에게 유익한 다른 장소로 이동하라." 이 법칙은 참가자의 책임감과 자발성을 극대화하여 가장 시급하고 중요한 문제에 에너지를 집중시키게 한다.

4. 워크숍 설계의 디테일: 보이지 않는 설계의 힘

성공적인 워크숍은 우연이 아닌 철저한 '큐시트(Cue-sheet)'와 환경 설계에서 비롯된다.

- 공간과 넛지(Nudge): 딱딱한 강의식 배열은 대화를 단절시킨다. 서로의 눈을 맞출 수 있는 원형 배치나 섬(Island)형 배치를 해야 한다. 적절한 조명, 배경음악, 공간의 온도는 참가자의 창의적 뇌를 활성화하는 중요한 넛지다.
- 그라운드 룰(Ground Rules): "모든 의견은 똑같이 귀하다", "비난 대신 호기심을 가져라" 등 안전한 심리적 울타리를 만들기 위한 규칙을 사전에 합의해야 한다.
- 도구의 미학: 다양한 색상의 포스트잇, 굵은 매직, 타이머, 그리고 적당한 간식은 사소해 보이지만 참가자들의 몰입도와 결과물의 시각적 질을 결정짓는다.

Prof's Insight. 침묵은 생각이 무르익는 꽉 찬 시간입니다.

워크숍을 진행하다 보면 회의장이 갑자기 쥐 죽은 듯 조용해지는 순간이 찾아옵니다. 초보 퍼실리테이터는 이때 식은땀을 흘리며 아무 말이나 던져서 공백을 메우려 애쓰곤 합니다.

하지만 기억하십시오. 그 침묵은 참가자들이 무관심한 시간이 아니라, 자신의 생각을 정리하고 타인의 의견을 곱씹으며 '사고가 무르익는 시간'입니다. 혹은 '신음 지대(Groan Zone)'를 통과하고 있는 숭고한 고통의 순간일지도 모릅니다.

그 고요함을 인내심 있게 기다려줄 때, 누군가가 "제가 깊이 생각해 보았는데"라며 조심스럽게 입을 엽니다. 그 순간이 바로 집단 지성의 '통찰(Insight)'이 터지는 임계점입니다. 퍼실리테이터에게 침묵은 빈 공간이 아니라, 새로운 가능성으로 가득 찬 시간임을 잊지 마십시오.

Workbook 8-1. [진단 도구] HPT 해결책 처방전

⊙ **목표**

진단 결과를 바탕으로 교육(10%)과 비교육(90%) 솔루션을 입체적으로 배합한다.

⊙ **증상**(Problem)

(예: 사내 지식 공유가 전혀 일어나지 않음)

⊙ **원인 분석**

지식/기술(%), 환경/도구(%), 동기/제도(____%)

⊙ **처방**(Solution Mix):

- Drug (교육 − 10%): '협업 도구 사용법 교육', '커뮤니케이션 워크숍'
- Diet/Exercise (비교육 − 90%):
  - 제도(System): 지식 공유 실적을 인사 고과에 반영, 사내 전문가 포상제.
  - 도구(Tool): 사내 위키(Wiki) 구축, 모바일 협업 메신저 도입.
  - 문화(Culture): '실패 사례 공유회' 정례화, 부서 간 장벽 허무는 소통 라운지 조성.

Workbook 8-2. [설계 도구] 학습 전이(Transfer) 전략 캔버스

⊙ **목표**

교육이 '공부'로 끝나지 않고 '성과'로 이어지도록 전−중−후 프로세스를 촘촘히 설계한다.

⊙ Before (D−14~D−1)

학습자 사전 니즈 진단 보고서 발송, 부서장의 격려 영상 메시지.

⊙ During (D−Day)

현업 실제 사례 기반 롤플레잉, 나만의 '행동 변화 체크리스트' 작성.

⊙ After (D+1~D+90):

- [기억] 핵심 요약 카드 뉴스 주 1회 발송.
- [실행] 1:1 현업 적용 코칭 세션 2회 실시.
- [보상] 베스트 실천 사례 공모전 및 포상.

심화 토론

| 주제 1. 교육 만능주의 설득하기

"경영자가 무조건 교육만을 고집할 때, 여러분은 시스템의 문제를 어떻게 설득하겠습니까? '길버트의 수행공학 모델'을 활용하여 논리적인 설득 시나리오를 작성해 봅시다."

| 주제 2. 신음 지대의 리더십

"워크숍 분위기가 험악해진 '신음 지대'에서, 참가자들을 진정시키고 더 깊은 논의로 이끌기 위해 여러분이 던질 '결정적인 퍼실리테이션 멘트'는 무엇입니까?"

| 주제 3. 70:20:10의 현실적 구현

"바쁜 현장 업무를 방해하지 않으면서 70%(경험 학습)를 강화할 수 있는 참신한 '마이크로(Micro) 액션 러닝' 아이디어를 3가지 제안해 봅시다."

제4부

—

교육 컨설팅의 영역별 실제

제9장 학교 교육 컨설팅

📋 제1절. 학교 조직의 특수성과 컨설팅 접근법의 설계

일반적인 기업 컨설팅의 논리에 익숙한 전문가들이 학교 현장에 투입될 때 흔히 경험하는 현상은 당혹감과 무력감이다. 학교는 명확한 명령 계통이 존재하는 듯 보이나 실제로는 작동하지 않는 경우가 많고, 성과를 측정하는 지표는 지극히 다층적이며 주관적이기 때문이다. 무엇보다 '가르치는 전문가'인 교사들은 외부의 개입을 자신의 전문성에 대한 도전으로 인식하며 강력한 방어기제를 작동시킨다.

학교는 이윤 극대화를 추구하는 경제적 집단이 아니라, 인간 성장을 도모하는 '도덕적·사회적 가치 지향 조직'이다. 따라서 학교 컨설팅은 효율성 중심의 단기 처방보다는 '교육적 가치'의 본질을 회복하는 데 주력해야 하며, 구성원의 '전문적 자율성'을 훼손하지 않는 범위 내에서 정교하게 설계되어야 한다.

1. 학교 조직의 핵심 특성: 이완 결합 체제(Loosely Coupled System)의 이해

조직이론가 칼 와익(Karl Weick)이 제시한 '이완 결합 체제' 개념은 학교 컨설팅의 성패를 좌우하는 가장 중요한 이론적 토대이다.

- 개념적 정의: 이완 결합이란 조직의 하위 체제(교장실, 행정실, 각 학급 등)가 서로 연결되어 있기는 하지만, 각 체제의 독자성과 정체성이 유지된 채 느슨하게 연결된 상태를 의미한다. 이는 물리적으로는 한 울타리 안에 있으나 교육적 행위는 독립적으로 이루어지는 학교의 특성을 대변한다.
- 구조적 현상: 학교장이 특정 교육 정책을 강하게 추진하더라도, 실제 수업이 이루어

지는 교실 내에서 교사가 이를 수용하지 않거나 변형하여 적용할 경우 정책의 실효성은 급격히 떨어진다. 즉, 행정적 의사결정과 교수-학습 현장 사이의 인과관계가 매우 약한 '디커플링(Decoupling)' 현상이 상시적으로 발생한다.

- 컨설팅 시사점: 이러한 구조에서 탑다운(Top-down) 방식의 개혁안은 교문 앞에서 멈추기 마련이다. 효과적인 컨설팅을 위해서는 문제를 재정의해야 한다. 즉, '제도를 바꾸는 것'이 아니라 '교사의 자발적 실천 의지를 이끌어내는 문화적 접근'으로 전환하는 것이 필수적이다.

2. 이중적 조직 구조의 갈등과 조화: 관료제와 전문직의 결합

학교는 헨리 민츠버그(Henry Mintzberg)가 명명한 '전문적 관료제(Professional Bureaucracy)'의 성격을 띠고 있으며, 이는 컨설턴트가 반드시 읽어내야 할 조직의 이중성이다.

- 관료적 속성: 학교는 공적 자금이 투입되는 공공기관으로서 공문 처리, 예산 집행, 시설 관리 등에 있어 엄격한 위계와 법규를 따르는 관료제적 성격을 지닌다. 이 영역에서는 효율성과 투명성이 최고의 가치가 된다.

- 전문직적 속성: 반면, 수업 설계, 생활 지도, 학생 평가 등 핵심 교육 활동은 교사의 고유한 판단과 전문적 재량에 전적으로 의존한다. 이 영역에서는 자율성과 창의성이 성과를 결정짓는 핵심 변수다.

- 컨설팅 시사점: 컨설턴트는 대상이 되는 문제의 성격이 '관료적 영역'인지 '전문적 영역'인지를 명확히 구분해야 한다. 행정 업무의 경량화나 프로세스 개선은 명확한 솔루션 제시가 효과적일 수 있으나, 수업과 교육과정 개편에 있어서는 철저히 조력자이자 동료로서의 태도를 유지해야 한다. 전문 영역에 대한 서투른 간섭은 컨설팅에 대한 거부감을 넘어 학교 전체의 냉소주의를 불러일으킬 위험이 크기 때문이다.

3. 학교 컨설팅의 실천 원리: 에드가 샤인의 프로세스 컨설팅

에드가 샤인(Edgar Schein)이 구분한 컨설팅 모델 중 학교 현장에서 가장 강력한 힘을 발휘하는 것은 '프로세스 컨설팅(Process Consultation)'이다. 이는 문제를 대신 해결해 주는 것이 아니라, 구성원이 문제를 해결할 수 있는 힘을 기르도록 돕는 방식이다.

◆ 〈표 9-1〉 학교 컨설팅의 주요 접근 모델 비교 및 심화 분석

구분	전문적 모델 (Expert Model)	프로세스 모델 (Process Model)
핵심 전제	컨설턴트가 정답과 정보를 소유함	구성원이 문제 해결의 주체임
비유적 관계	의사와 환자 (처방 중심)	상담가와 내담자 (성장 중심)
문제 진단	외부 전문가의 단발성 진단	내부 구성원과 컨설턴트의 공동 진단
해결책 도출	완성된 솔루션(Package) 제공	질문과 촉진(Facilitation)을 통한 도출
구성원의 태도	수동적 수용 또는 비판적 저항	능동적 참여와 주인의식 형성
지속 가능성	전문가 이탈 시 문제 재발 가능성 높음	자생적 해결 역량(Self-renewal) 강화

학교 컨설팅의 궁극적인 지향점은 일시적인 문제 해결이 아니라, 학교라는 유기체가 스스로를 치유하고 진화시킬 수 있는 '학습 조직(Learning Organization)'으로 탈바꿈하게 하는 것이다.

Prof's Insight. 선생님은 '가르침'을 받는 것을 싫어합니다.

교수로서, 그리고 현장 연구자로서 제가 발견한 흥미로운 역설이 하나 있습니다. 평생 타인을 가르치는 것을 업(業)으로 삼으며 숭고한 소명을 실천하는 선생님들이, 역설적이게도 누군가에게 지적받거나 가르침을 받는 상황을 본능적으로 거부한다는 사실입니다. 이는 교사들의 자존감이 낮아서가 아니라, '교실의 자율성'이 그들의 전문성을 지탱하는 마지막 보루이기 때문입니다.

교사들에게 컨설팅은 자칫 본인의 무능함이 드러나는 '평가'나, 간섭받는 '감사'로 오해받기 쉽습니다. 그래서 학교 컨설팅의 성공 비결은 첫째도 존중, 둘째도 존중입니다.

"선생님, 지금 수업 방식은 잘못되었네요. 이렇게 고치세요."라고 말하는 순간, 그 프로젝트는 실패한 것입니다. 대신 이렇게 다가가 보십시오.

"선생님, 수업 중에 아이들을 한 명 한 명 집중시키느라 정말 마음고생이 많으시지요? 저도 현장에서 같은 고민을 했던 동료로서 가슴이 아픕니다. 혹시 우리가 함께 머리를 맞대고 더 나은 방법을 찾아볼 수 있을까요?"

이 진심 어린 공감과 연대의 한마디가, 굳게 닫혔던 교실 문을 열고 변화를 시작하게 만드는 진정한 마스터키(Master-key)가 될 것입니다. 컨설턴트는 '가르치는 자'가 아니라 '함께 고민하는 벗'이어야 함을 잊지 마십시오.

Workbook 9-1. 학교 컨설팅 시뮬레이션 (우리 학교의 '이완 결합' 지도 그리기)

⊙ 목표

학교 조직 내에서 행정이 미치지 않는 사각지대를 파악하고 교사들의 자율적 협력이 필요한 지점을 발굴한다.

⊙ 활동

학교의 각 부서(교무, 연구, 학생부 등)를 배치하고, 각 부서 간의 연결 고리가 얼마나 단단한지 혹은 느슨한지를 선의 굵기로 표시한다. '가장 느슨한 지점'에서 발생하는 문제는 무엇이며, 이를 프로세스 컨설팅으로 어떻게 풀 수 있을지 적어보자.

| 주제. 전문가 모델 vs. 프로세스 모델의 충돌

"학교장이 명확하고 빠른 '처방전'을 원하며 전문가 모델을 요구할 때, 컨설턴트로서 교사들의 반발을 최소화하고 프로세스 모델을 고수해야 하는 이유는 무엇입니까? 학교장을 어떻게 설득하여 교사들의 자발적 참여를 이끌어내겠습니까?"

제2절. 교육과정 및 수업 컨설팅 전략

수업은 교사의 전문성이 구현되는 최전선이자, 교사로서의 자아와 정체성이 응축된 '성역(Sanctuary)'이다. 따라서 수업 컨설팅은 외부의 잣대로 수업의 우열을 가리는 '평가'의 자리가 되어서는 안 된다. 컨설턴트가 특정 수업 모델을 정답으로 상정하고 교사를 교정하려드는 순간, 교사는 심리적 요새를 구축하고 변화에 저항하게 된다.

결국 수업 컨설팅의 본질은 평가가 아닌 '성찰(Reflection)'에 있다. 이는 교사가 자신의 수업 행위를 객관적인 데이터로 직면하고, 그 속에 숨겨진 교육적 의도와 결과를 스스로 분석하여 개선점을 찾아가는 '거울 비추기'의 과정이다. 본 절에서는 교육과정 설계의 혁신과 수업 분석의 과학적 접근을 통해 교사의 전문적 성장을 견인하는 구체적인 컨설팅 전략을 다룬다.

1. 교육과정(Curriculum) 컨설팅: 전달자에서 설계자로

전통적인 교육 패러다임에서 교사는 국가가 배포한 교과서를 충실히 전달하는 '지식의 배달자'에 머물렀다. 그러나 미래 교육 환경은 교사에게 학생의 요구와 지역사회의 특수성을 반영하여 교육과정을 재구성하는 '교육과정 설계자(Curriculum Designer)'로서의 역량을 요구한다. 컨설턴트는 교사가 단순한 수용자를 넘어 창조적 기획자로 거듭날 수 있도록 다음과 같은 전략적 지원을 수행해야 한다.

1) 교육과정 재구성 (Curriculum Reconstruction) 지원 전략

- 성취기준(Achievement Standards)의 본질적 분석: 교과서의 페이지를 넘기는 방식의 진도 중심 수업에서 벗어나, 국가 교육과정이 제시하는 성취기준의 핵심 개념을 추출하도록 돕는다. 수많은 학습 내용 속에서 반드시 도달해야 하는 패턴(핵심 역량)을 식별하고, 이를 중심으로 수업 내용을 통합하거나 과감히 삭제하는 다이어트 과정을 코칭한다.

- 주제 중심 통합 수업 (Theme-based Learning) 설계: 단편적인 교과 지식의 나열이 아니라, 실생활의 복잡한 문제를 해결하기 위해 여러 교과를 융합하는 '종합적 사고(Synthesis)'의 장을 마련한다. 예를 들어 '기후 위기'라는 주제를 국어(논증), 사회(정책), 미술(캠페인 포스터)과 연결하여 프로젝트를 설계하도록 지원한다. 이는 학습자에게 지식의 파편이 아닌 통합적 지혜(IW)를 체득하게 하는 고도의 설계 작업이다.

2) 교육과정–수업–평가의 일치 (Constructive Alignment)

- 불일치(Mismatch)의 진단: 컨설턴트는 "수업은 학생 중심 토론으로 진행하면서, 평가는 여전히 단편적인 지식 암기를 묻는 객관식으로 시행하고 있지 않은가?"라는 근본적인 모순을 찾아내야 한다. 이는 교육적 인과관계(D4 차원)를 바로잡는 과정이다.
- 처방과 정렬: 학습 목표(Goal) – 교수·학습 활동(Activity) – 평가(Assessment)가 하나의 선상에 놓이도록 '구성주의적 정렬(Constructive Alignment)'을 지원한다. 특히 결과 중심 평가에서 벗어나, 학습의 과정에서 학생의 성장을 기록하고 피드백하는 '과정 중심 평가' 체제로의 전환을 구체적인 루브릭(Rubric) 설계와 함께 제안한다.

2. 수업(Instruction) 컨설팅: 임상 장학의 현대적 적용

수업 기술의 향상과 교실 내 상호작용의 심화를 위해 가장 유효한 방법론은 '임상 장학(Clinical Supervision)'이다. 이는 마치 임상 의사가 환자의 상태를 정밀 진단하고 처방하듯, 컨설턴트와 교사가 수평적인 파트너십을 바탕으로 수업의 미세한 근육들을 분석하는 과정이다.

⊙ 1단계: 사전 협의 (Pre-conference) – 신뢰와 초점의 합의

이 단계는 단순한 미팅을 넘어 컨설팅의 '심리적 계약'을 맺는 가장 중요한 시점이다.

- 라포(Rapport) 형성: 컨설턴트는 자신의 전문성을 과시하기보다 교사의 고민에 공감하는 태도를 보여야 한다.
- 관찰 초점(Observation Focus)의 구체화: "수업 전체를 봐달라"는 모호한 요청은 컨설팅의 효과를 반감시킨다. "발문의 유형에 따른 학생들의 반응", "모둠 활동 시 소외되는 학생의 양상" 등 교사가 스스로 개선하고 싶은 구체적인 지점을 선정하도록 유도한다. 합의되지 않은 영역에 대한 지적은 교사의 방어기제를 자극하여 전체 컨설팅을 실패로 이끌기 때문이다.

⊙ 2단계: 수업 관찰 (Observation) – 증거 중심의 데이터 수집

컨설턴트는 주관적인 인상 비평가가 아닌, 철저한 '데이터 수집가'가 되어야 한다.

- 객관적 도구의 활용: 비디오 녹화는 교사가 자신의 수업을 낯설게 바라보게 하는 강력한 도구이다.
- 체계적 기록법: 교사와 학생 사이의 담화(Discourse)를 있는 그대로 기록하는 일화 기록법, 교사의 시선 이동과 발문 대상을 시각화하는 상호작용 분석표 등을 활용한다. 특정 구역의 학생들에게만 질문이 집중되는 패턴(P)을 시각적 데이터로 제시할 때, 교사는 비로소 자신의 수업 습관을 자각하게 된다.

⊙ 3단계: 사후 협의 (Post-conference) – 데이터 기반 성찰 및 피드백

수집된 데이터를 놓고 교사와 컨설턴트가 머리를 맞대는 '성찰의 시간'이다.

- 비지시적 접근(Non-directive Approach): 컨설턴트가 해답을 먼저 제시하지 않는다. "영상을 보니 교사 발문 후 학생의 대기 시간이 평균 1.5초인데, 이 시간을 3초로 늘리면 어떤 변화가 생길까요?"와 같이 데이터에 기반한 질문을 던짐으로써 교사가 스스로 대안을 도출하도록 돕는다.
- 사고의 진화(TE) 유도: 이 과정을 통해 교사는 자신의 수업을 메타 인지적으로 바라보게 되며, 이는 단순한 기술 습득을 넘어 교육적 신념의 진화로 이어진다.

3. 성공적인 수업 코칭을 위한 피드백 전략

피드백은 컨설턴트의 전문 지식이 교사에게 전달되는 '통로'다. 이 통로가 좁거나 막히지 않도록 정교한 커뮤니케이션 기법이 요구된다.

1) 샌드위치 기법(Sandwich Technique)의 고도화

비판적 피드백을 전달할 때는 긍정적 지지와 격려 사이에 제언을 배치하여 심리적 충격을 완화한다.

- [상단 빵: 강점 승인] "수업 도입부에서 시각 자료를 활용해 학생들의 주의를 집중시킨 설계가 매우 탁월했습니다."
- [내용물: 개선 제언] "다만, 전개부에서 교사의 설명 비중을 10% 정도 줄이고 학생 간 토의 시간을 확보한다면 성취기준 도달이 더 명확해질 것 같습니다."
- [하단 빵: 성장에 대한 확신] "오늘 보여주신 학생들과의 유대감을 바탕으로 한다면, 이러한 변화는 충분히 현장에 안착될 수 있을 것입니다."

2) I-Message(나 전달법)를 통한 비침해적 소통

교사의 인격이나 능력을 평가하는 '너-전달법(You-Message)'은 비난으로 들리기 쉽다. 대신 컨설턴트가 관찰하며 느낀 바를 전달하는 '나-전달법'을 사용한다. "선생님은 판서가 너무 난잡해요" 대신, "판서의 양이 많아지다 보니 참관하는 입장에서 핵심 키워드를 한눈에 파악하기 어렵다는 느낌을 받았습니다"라고 표현함으로써 교사가 객관적으로 상황을 판단하게 한다.

우리는 아침마다 거울을 보며 매무새를 가다듬습니다. 거울에 비친 내 얼굴에 얼룩이 묻어 있다고 해서 거울이 나를 비난하거나 훈계하지는 않습니다. 거울은 그저 '있는 그대로의 사실(Fact)'을 비춰줄 뿐입니다. 그리고 그 얼룩을 닦아낼지 말지, 어떻게 닦아낼지를 결정하는 주체는 오직 거울 앞에 선 나 자신입니다.

훌륭한 수업 컨설턴트는 바로 이러한 '깨끗하고 편향 없는 거울'이 되어야 합니다.

교사에게 "수업이 산만합니다"라는 형용사 중심의 판단을 건네지 마십시오. 대신 "수업 시작 20분 경과 시점에서 창밖을 보거나 딴짓을 하는 학생이 전체의 40%에 달했습니다"라는 수치와 사실을 보여주십시오.

교사는 타인의 지적에는 본능적으로 방어벽을 세우지만, 거울에 비친 자신의 실제 모습(데이터)을 확인하는 순간 무서운 집중력으로 개선을 시도합니다. 그것이 바로 우리가 존중해야 할 '교사의 전문적 자존심'이며, 교육 컨설팅이 지향해야 할 진정한 인간 존중의 기술입니다.

제3절. 학교 경영 및 문화 개선 컨설팅

훌륭한 자질을 갖춘 교사들이 학교 현장을 떠나거나 열정을 잃어가는 근본적인 이유는 학생 교육 그 자체의 어려움보다는, 본질을 압도하는 과도한 행정 업무의 압박(Burn-out)과 비민주적인 의사결정 구조에서 비롯되는 자율성의 침해에 있다. 학교는 단순한 행정 기관이 아니라 교육적 가치를 실현하는 '도덕적 공동체'이다.

따라서 학교 경영 컨설팅의 궁극적인 지표는 명확해야 한다. 학교의 운영 시스템을 '관리와 통제 중심'에서 '교육 활동 지원 중심'으로 전면 재설계하고, 조직의 문화를 '고립된 전문가들의 집합'에서 '성장하는 학습 공동체'로 진화시키는 것이다. 이는 학교라는 복잡계 내에서 교육적 에너지가 낭비되지 않도록 엔트로피를 낮추는 고도의 전략적 개입 과정이다.

1. 교무 행정 효율화: 교육 본연의 가치 회복을 위한 토대

학교 컨설팅의 최우선적 과제는 교사가 학생과의 상호작용이라는 본질적 업무에 온전히 몰입할 수 있는 환경을 조성하는 것이다. 이를 위해 단순한 업무 경감을 넘어 조직의 직무 구조를 근본적으로 진단하는 '업무 재구조화(Work Redesign)' 컨설팅이 선행되어야 한다.

1) 업무 다이어트(Work Diet)를 통한 에너지 최적화

- 직무 분석 및 가치 분류: 학교 내에서 수행되는 모든 행정 과업을 나열하고, 이를 '교육 활동과의 직접적 관련성'과 '행정적 필수성'이라는 두 가지 차원에서 분석한다. 이는 업무의 우선순위를 재설정하는 과정이다.
- 관행적 업무의 폐지 및 간소화: 매년 반복되는 전시성 행사, 형식적인 위원회 운영, 중복적인 내부 기안 체계 등 교육적 실익이 낮은 과업들을 과감히 삭제하거나 통합한다.
- 참여적 의사결정 기법: 외부 컨설턴트가 일방적으로 폐지 목록을 하달하는 방식은

구성원의 저항을 부른다. 대신 '업무 다이어트 워크숍'을 통해 교직원들이 직접 '버려야 할 업무'를 포스트잇에 적고 합의하는 퍼실리테이션 과정을 거침으로써, 변화에 대한 심리적 수용성을 높인다.

2) 교육과 행정의 기능적 분리 및 지원 체계 구축

- 교무행정전담팀(SAT)의 실질적 운영: 교사들은 수업 설계와 학생 생활지도에 집중하고, 공문 처리나 일반 행정, 시설 관리 등은 교감과 행정실무사 등으로 구성된 전담팀이 처리하는 시스템을 구축한다.
- 기술적 솔루션 도입: 반복적인 행정 절차를 자동화할 수 있는 디지털 도구를 제안하여 협업의 효율성을 극대화한다.

2. 민주적 회의 문화 개선: 전달의 장에서 소통의 장으로

상당수 학교의 직원 회의는 관리자의 일방적인 지시와 전달 사항을 수동적으로 경청하는 '훈화 시간'의 연장선에 머물러 있다. 이러한 폐쇄적 구조는 교사의 창의성을 억압하고 조직의 활력을 저해한다. 회의를 실질적인 '집단지성 의사결정 기구'로 전환하는 것이 컨설팅의 핵심이다.

1) 안건 중심의 회의(Agendas-driven Meetings) 구조화

- 비동기 소통의 활용: 단순 정보 전달이나 공지 사항은 학교 메신저나 공유 문서를 통한 비동기 소통으로 대체하고, 대면 회의 시간에는 철저히 토론이 필요한 안건만을 상정한다.
- 생산적 질문의 생성: "이번 졸업식을 어떻게 하던 학생 주도의 축제로 바꿀 것인가?"와 같이 교육적 상상력을 자극하는 질문을 안건으로 제시하여 회의의 질을 높인다.

2) 퍼실리테이션(Facilitation) 기법의 현장 적용

- 심리적 안전감(Psychological Safety) 확보: 에이미 에드먼드슨이 강조한 것처

럼, 어떤 의견을 내놓아도 비난받지 않는다는 믿음을 심어주어야 한다. '월드 카페 (World Cafe)'나 '신호등 토론' 기법을 적용하여 소수의 권력자가 아닌 침묵하던 다수의 지혜가 발화되도록 돕는다.

- 인사이트 증폭(IA): 다양한 관점이 충돌하고 융합되는 과정을 통해, 개별 교사의 아이디어가 학교 전체의 혁신적인 정책으로 증폭(Amplification)되는 경험을 제공한다. 이러한 성공 경험은 교사들에게 강력한 '조직 주인 의식(Ownership)'을 부여한다.

3. 전문적 학습공동체(PLC) 활성화: 함께 성장하는 학교 문화

학교 문화 개선의 결정체는 '전문적 학습공동체(Professional Learning Community)'의 내실화에 있다. 이는 교사들이 교실의 장벽을 허물고 서로의 수업을 공유하며 함께 배우고 성장하는 생태계를 구축하는 것이다.

1) '진정한 공동체'로의 질적 전환 진단

- 형식적 PLC의 경계: 단순히 예산 집행을 위해 모이거나 친목 중심의 '가짜 PLC'를 경계해야 한다.
- 실질적 PLC의 지표: '학생의 배움'을 분석의 중심에 두고, 공동으로 수업을 설계하며, 실천 결과를 공유하여 교육과정을 지속적으로 개선하는 모임인지 진단한다.

2) 수업의 탈사유화(Deprivatization)와 성찰 문화 조성

수업 개방의 일상화: 일회성 쇼(Show)로 전락한 공개 수업이 아니라, 동료가 언제든 수업에 들어와 관찰하고 피드백을 주고받는 '수업 친구' 문화를 장려한다.

안전한 피드백 루프: 컨설턴트는 수업 공개가 평가나 감사가 아닌, 공동의 문제를 해결하기 위한 '성장의 거울'임을 인식시켜야 한다. 이를 위해 비판보다는 사실(Fact)에 기반한 관찰 데이터를 공유하는 성찰적 대화 기법을 코칭한다.

본 필자가 학교 컨설팅을 위해 교무실에 들어설 때 가장 먼저 수행하는 의식은, 잠시 눈을 감고 그 공간을 채우고 있는 '소리'의 정체를 파악하는 것이다.

어떤 학교는 타자기 소리와 무거운 한숨 소리만이 가득하다. 이는 조직이 행정 중심의 관성으로 움직이며 구성원들이 소외되고 있다는 위험 신호다. 반면, 어떤 학교는 학생들에 대한 활기찬 논쟁과 교사들 사이의 웃음소리로 시끌벅적하다. 이는 관계와 배움 중심으로 학교의 심장이 뛰고 있다는 증거다.

문화(Culture)는 공기와 같아서 눈에 보이지 않지만, 그 조직 내 모든 존재의 호흡을 지배한다. 컨설턴트 여러분, 시스템이라는 하드웨어를 교체하기 전에 먼저 학교의 '공기'를 바꾸는 작업에 착수하십시오. "선생님, 오늘 표정이 참 밝으시네요"라는 진심 어린 인사 한마디가, 삭막한 교무실의 공기를 바꾸는 나비의 날갯짓이 될 수 있음을 명심해야 한다.

[Case Study] 학교 컨설팅 성공 및 실패 사례 분석

"이론은 회색이고, 저 푸른 생명의 나무는 초록빛이다"라는 괴테의 말처럼, 학교 컨설팅의 원리들이 실제 현장의 역동성과 만났을 때 어떤 결과를 초래하는지 분석하는 것은 매우 중요하다. 앞서 논의한 학교 조직의 특수성과 컨설팅의 핵심 원리들이 실제 교육 현장에서 어떻게 작동하고 혹은 오작동하는지, 극명하게 대비되는 두 가지 사례를 통해 심층적으로 고찰한다.

1. [실패 사례] A고등학교의 "기술 만능주의적 혁신"

⊙ 상황

A고등학교의 관리자는 대외적인 학교 이미지 제고와 예산 확보를 목적으로 '스마트 교육 선도학교' 사업을 의욕적으로 추진했다. 외부 컨설팅 업체를 통해 전 교실에 최첨단 태블릿 PC를 보급하고 전자칠판을 설치하는 등 하드웨어 구축에 막대한 자원을 투입했다.

이후 관리자는 "다음 달부터 모든 교사는 수업 시간의 50% 이상을 디지털 기기를 활용한 스마트 수업으로 전환하라"는 강압적인 하향식(Top-down) 지시를 하달했다.

⊙ **진행**

- 컨설턴트의 단기적 접근: 투입된 컨설턴트는 학교 조직의 문화적 성숙도나 교사들의 디지털 리터러시 수준을 진단하는 '사전 협의' 단계를 생략했다. 단순히 기기 조작법(Tool Training) 위주의 기능 연수만을 3회 실시한 뒤 과업을 종료했다.
- 현장의 저항과 갈등: 20년 이상의 경력을 가진 베테랑 교사들은 자신의 교수법이 부정당한다는 느낌과 함께 강한 '기술적 스트레스(Technostress)'를 호소하며 수업 자체를 기피하기 시작했다. 반면 저경력 교사들은 기기 세팅과 관리에 과도한 시간을 빼앗겨 수업의 본질에 집중하기 어렵다는 불만을 토로했다.

⊙ **결과**

결국 기기들은 교육청 장학사가 방문하는 날에만 전시용으로 활용될 뿐, 평소에는 캐비닛 속에 방치되는 '데드웨어(Deadware)'로 전락했다. 1년 뒤, 보급된 태블릿의 상당수는 고장 나거나 배터리 방전으로 폐기 직전의 상태에 놓이게 되었다.

⊙ **실패 원인 분석**

- 이완 결합 체제의 무시: 행정적 지시가 교실 내의 실질적 교수-학습 행위를 즉각적으로 바꿀 수 있다는 '기계적 조직관'에 함몰되었다. 학교는 행정적 결정과 교육적 실천이 느슨하게 연결되어 있기에, 구성원의 내적 수용 없는 변화는 반드시 겉돌게 된다.
- 공감 없는 기술 도입: '공감(C)'이 결여된 사례다. 교사들이 새로운 도구를 도입하며 겪게 될 심리적 불안과 전문성 훼손에 대한 공포를 무시한 채 방법(How)만을 강요했다.
- 목적의 부재와 형식주의: "왜 스마트 교육이 필요한가?"에 대한 근본적인 교육 철학(Why)을 공유하는 과정이 생략되었다. 이는 본질이 아닌 껍데기만을 추구하는 '동형화(Isomorphism)' 현상의 전형이다.

2. [성공 사례] B중학교의 "작은 틈새에서 시작된 변화"

⊙ 상황

B중학교는 기초학력 부진과 학교 폭력이 빈번하여 교사들 사이에서 소위 '기피 학교'로 불리던 곳이었다. 무력감에 빠진 조직 문화를 개선하기 위해 새로 부임한 연구부장은 외부 전문가(프로세스 컨설턴트)를 초빙했다. 컨설턴트는 투입 초기 2주간 어떠한 대안도 제시하지 않은 채, 교무실 한구석에서 교사들의 고충과 하소연을 경청하며 '현장의 소음'에 집중했다.

⊙ 진행

- 진단 및 라포(Rapport) 형성: 컨설턴트는 수업의 기술적 결함을 지적하는 대신, "선생님, 아이들 지도하시느라 마음고생이 정말 많으시죠?"라는 공감의 언어로 다가갔다. 이는 에이미 에드먼슨이 강조한 '심리적 안전감(Psychological Safety)'을 구축하는 결정적인 계기가 되었다.

- 자발적 핵심 그룹(Early Adopters)의 결성: 전체 교사를 한꺼번에 바꾸려 하지 않고, 변화에 갈망이 있는 3명의 교사를 우선 선발하여 소규모 '수업 고민 나누기(PLC)'를 시작했다. 거창한 학술적 접근이 아닌, "오늘 이 학생 때문에 힘들었다"는 정서적 공유에서 시작된 이 모임은 점차 "이 아이를 위해 어떤 수업을 할 것인가"라는 본질적 질문으로 진화했다.

- 작은 승리(Small Win)의 확산: 3명의 교사가 서로의 수업을 참관하고 피드백을 주고받으며 교실의 분위기가 미세하게 변하기 시작했다. 이 긍정적인 변화의 소문은 동료 교사들에게 전염되었고, "나도 참여하고 싶다"는 자발적 요청이 이어졌다.

⊙ 결과

1년 뒤, 전 교사의 80%가 자발적으로 수업을 개방하고 고민을 나누는 '학습 공동체'로 거듭났다. 그 결과 교사의 효능감이 높아졌을 뿐만 아니라, 학생들의 정서적 안정을 이끌어내어 학교 폭력 발생률이 40% 감소하는 기적 같은 성과를 거두었다.

⊙ **성공 요인 분석**

- 프로세스 컨설팅의 실천: 컨설턴트는 외부의 정답을 주입하지 않고, 교사들이 스스로 문제를 대면하고 해결할 수 있도록 '성찰의 멍석'을 깔아주었다.
- 점진적 확산과 임계점 돌파: 전체를 강제로 바꾸는 대신 잘 타는 장작(핵심 교사)에 먼저 불을 붙여 주변을 서서히 말리고 태우는 전략을 취했다.
- 데이터 기반의 성찰: 수업을 '평가'의 대상이 아닌 '배움'의 데이터로 바라보게 함으로써 교사의 전문적 자존심을 지켜주었다

Prof's Insight. 산불처럼 번지게 하라.

실패한 A학교의 경영진은 소위 '양동이로 물 붓기'식 혁신을 시도했다. 위에서 아래로 변화라는 물을 강제로 부었지만, 각자의 교실이라는 견고한 독립 체제를 가진 교사들은 거부감이라는 우산을 쓰고 그 물을 모두 피해버렸다. 겉으로는 젖은 듯 보이나 속은 전혀 변하지 않는 상태가 된 것이다.

반면, 성공한 B학교의 컨설팅은 '산불 놓기'의 전략을 취했다. 가장 잘 타는 장작, 즉 변화의 의지가 있는 핵심 교사들에게 먼저 불을 붙였다. 그 불씨가 환하고 따뜻하게 타오르자, 처음에는 꿈적도 않던 주변의 젖은 장작들도 온기에 스며들어 서서히 물기를 말려갔고, 마침내 스스로 타오르는 거대한 산불(조직적 변화)이 되었다.

학교 컨설팅은 조직 내에 숨겨진 '불씨'를 찾는 고도의 심리 게임이다. 전체를 바꾸려 욕심내지 마라. 단 한 명의 진정성 있는 교사를 찾아내어 그와 함께 '작은 승리'의 모델을 만드는 것이 학교 전체를 변화시키는 가장 빠른 지름길임을 잊지 말아야 한다.

Workbook 9-1. 학교 업무 다이어트 매트릭스

⊙ **목적**

교육 활동과 무관한 관행적 행정 업무를 식별하고 제거하여 교사의 교육 에너지를 확보함. 구성: 아이젠하워 매트릭스를 학교 조직에 맞게 변형한 4사분면 체계.

◉ 활동 가이드

- 개인이 수행 중인 모든 업무를 포스트잇에 한 장씩 기록한다.
- 매트릭스 위에 업무를 배치한다. (X축: 교육 활동 관련성, Y축: 법적/행정적 필수성)
- '교육 관련성 낮음 + 법적 선택' 영역(제4사분면)에 위치한 업무를 선별하여 '과감한 폐지' 또는 '간소화' 목록으로 확정한다.

Workbook 9-2. 수업 성찰을 위한 '깨끗한 거울' 체크리스트

◉ 목적

주관적인 판단과 비난을 배제하고, 객관적 데이터이 기반하여 수업을 관찰하고 성찰하는 연습을 함.

◉ 구성

- 1. 관찰 초점(Focus): (예: 질문 후 학생의 대기 시간, 특정 구역 학생과의 상호작용)
- 2. 사실 기록(Fact Recording): * 00분~00분: 교사의 발문 내용 (있는 그대로 기록) * 학생의 반응: (고개를 숙임, 딴짓을 함 등 구체적 행동 묘사)
- 3. 데이터 기반 피드백 연습: "수업이 지루했다"는 판단 대신 "20분 경과 후 엎드린 학생이 5명에서 10명으로 증가했다"는 사실을 전달하는 훈련을 수행한다.

심화 토론

주제 1. 전문가의 딜레마와 접근법

"평생 남을 가르치는 직업을 가진 교사들이 정작 누군가에게 배우거나 지적받는 것을 거부하는 심리적 역설에 대해 논의해 봅시다. 만약 여러분이 컨설턴트로서 현장에 투입되었을 때, 고경력 부장 교사가 '현장도 모르는 사람이 웬 참견이냐'며 냉소적인 태도를 보인다면, 본문의 '공감의 한마디'를 응용하여 어떤 첫 마디로 대화를 시작하시겠습니까?"

▎주제 2. '가짜 PLC'를 '진짜 PLC'로 전환하기

"많은 학교의 전문적 학습공동체(PLC)가 행정 업무 배분이나 단순 친목 도모로 변질되는 사례가 빈번합니다. 우리 학교의 PLC가 진정한 '수업 고민'과 '학생의 배움'을 논하는 성찰의 장이 되기 위해, 컨설턴트가 제안할 수 있는 가장 작지만 강력한 실천 전략(Small Win)은 무엇이겠습니까? '산불 놓기' 전략을 활용하여 구체적인 로드맵을 그려봅시다."

▎주제 3. 기술 도입과 학교 문화의 충돌

"A고등학교의 실패 사례에서 볼 수 있듯이, 최첨단 도구(EdTech)가 반드시 수업의 질적 향상을 담보하지는 않습니다. 여러분이 컨설턴트라면, 기술 도입 전에 교사들이 겪을 '기술적 스트레스(Technostress)'를 완화하고 교육적 목적(Why)을 공유하기 위해 어떤 사전 단계의 '문화적 정지 작업'을 기획하시겠습니까?"

제1절. 기업 경영 환경과 전략적 HRD의 역할

많은 초보 컨설턴트들이 기업 현장에서 범하는 가장 큰 오류는 "직원들에게 훌륭한 인문학 교육을 제공하여 소양을 높여야 한다"와 같은 선의에 기반한 제안이다. 이는 기업의 본질적 생리를 간과한 접근이다. 기업은 자선 단체나 순수 교육기관이 아니다. 기업이 막대한 자산과 시간을 교육에 투자하는 이유는 단 하나, 그 투자가 '성과(Results)'라는 이름의 자본으로 회수될 것이라는 확신이 있기 때문이다.

따라서 기업 HRD 컨설팅의 출발점은 교육 방법론이 아니라 '경영 전략'에 기반해야 한다. 고객사가 처한 시장 환경을 분석하고, 경영진이 밤잠을 설치며 고민하는 '비즈니스 임팩트'를 해결해 주는 솔루션으로서 HRD를 제안할 때, 컨설턴트는 단순한 강사가 아닌 '비즈니스 파트너'로서 신뢰를 얻게 된다.

1. 뷰카(VUCA) 시대와 인적 자본의 가치 재정의

현대 기업 경영 환경은 VUCA(Volatility, Uncertainty, Complexity, Ambiguity)라는 키워드로 응축된다. 이는 과거의 선형적 발전 모델이 더 이상 유효하지 않음을 뜻한다.

- V (Volatility, 변동성): 시장의 변화 속도가 기하급수적으로 빨라지며 기술의 수명 주기가 극단적으로 단축된다.
- U (Uncertainty, 불확실성): 과거의 데이터를 통한 미래 예측이 불가능해지며 상시적인 위기 대응 능력이 요구된다.
- C (Complexity, 복잡성): 글로벌 공급망과 기술 융합 등으로 인해 문제의 원인과 결

과가 복잡하게 얽혀 단순한 해결책이 작동하지 않는다.

- A (Ambiguity, 모호성): 무엇이 정답인지 알 수 없는 상황에서 실험적 사고와 민첩한 실행(Agility)이 중요해진다.

과거 산업화 시대에는 설비 투자가 성장의 핵심이었으나, 지식 기반의 VUCA 시대에는 자본이나 기술보다 이를 운용하는 '사람(Human Capital)'의 창의성과 회복탄력성이 유일한 경쟁 우위가 된다. 타사가 쉽게 복제할 수 없는 기업만의 독특한 지식 역량과 조직 문화를 구축하는 것, 이것이 현대 기업이 HRD를 경영의 핵심 축으로 두는 이유다.

2. 패러다임의 진화: 전통적 HRD에서 전략적 HRD(SHRD)로

컨설턴트는 고객사의 HRD 수준을 진단하고, 이를 '비용' 관점에서 '투자' 관점으로 전환시켜야 한다. 전략적 인적자원개발(SHRD)은 교육 부서가 독립적인 기능을 수행하는 것이 아니라, 전사적 전략 목표 달성을 위해 인적 자원을 통합적으로 관리하고 개발하는 것을 의미한다.

◆ 〈표 10-1〉 전통적 HRD와 전략적 HRD의 심층 비교

구분	전통적 HRD (Training & Development)	전략적 HRD (Learning & Performance)
철학적 관점	교육은 소모적인 비용(Cost)이다.	교육은 미래를 위한 투자 (Investment)다.
핵심 역할	교육 과정의 단순 운영자 (Administrator)	사업 성과 창출의 파트너 (Business Partner)
분석 단위	개인의 지식 및 기술 습득 (Micro)	조직의 역량과 비즈니스 성과 (Macro)
대응 방식	사후 약방문식 문제 해결 (Reactive)	미래 전략에 따른 선제적 준비 (Proactive)
성공 지표	교육 만족도 및 이수율 (Smile Chart)	비즈니스 기여도 및 투자회수율 (ROI)

컨설턴트 역할	지식 전달자 (Lecturer)	성과 향상 전문가 (Performance Consultant)

만약 고객사가 "남은 교육 예산을 소진하기 위해 특강을 기획해 달라"고 요청한다면, 이는 여전히 전통적 HRD의 틀에 갇혀 있는 것이다. 이때 유능한 컨설턴트는 "내년도 핵심 전략인 신시장 개척을 위해 우리 영업 인력이 갖추어야 할 전략적 협상 역량을 정의하고, 이를 위한 집중 육성 로드맵을 수립합시다"라고 역제안할 수 있어야 한다.

[그림 10-1] 전략적 HRD (SHRD) 정렬

SHRD의 성패를 가르는 단 하나의 키워드는 '정렬(Alignment)'이다. 아무리 화려한 교육 프로그램이라도 조직의 방향성과 일치하지 않는다면 그것은 자원의 낭비일 뿐이다.

1) 수직적 정렬 (Vertical Alignment)

경영 전략과의 연계 이는 전사적 사업 전략이 교육 현장까지 수직적으로 관통되어야 함을 의미한다.

- 전략적 연계의 예시: 기업의 핵심 전략이 '디지털 전환(Digital Transformation)'으로 설정되었다면, HRD는 단순한 IT 교육이 아니라 전 조직원의 '데이터 기반 의사결정 역량'을 강화하는 데 모든 자원을 집중해야 한다. 만약 전략은 DX인데 교육은 전

통적 리더십에만 머물러 있다면, 이는 수직적 정렬이 깨진 상태이다.

2) 수평적 정렬 (Horizontal Alignment)

인사 제도와의 통합 교육을 통해 개발된 역량이 실제 조직의 보상과 평가 시스템과 맞물려야 함을 뜻한다.

- 인사 시스템과의 연계: 교육 현장에서는 "창의적으로 도전하고 실패를 두려워 마라"고 가르치는데(HRD), 인사 평가(HRM)에서는 단기적인 수치 성과만을 따지며 실패에 페널티를 준다면 학습은 절대로 현업으로 전이되지 않는다. 컨설턴트는 교육 설계 단계에서부터 "이 교육의 결과가 어떻게 성과 관리 시스템과 연동될 것인가?"를 경영진과 협의해야 한다.

Prof's Insight. 사장님의 언어로 말하십시오.

많은 교육학 배경의 컨설턴트들이 경영진 보고에서 저지르는 치명적인 실수는 전문적인 '교육학 방언'을 남발하는 것입니다.

"비계 설정(Scaffolding)을 통해 근접발달영역(ZPD)을 자극하고" 혹은 "메타인지적 성찰을 유도하여"와 같은 표현은 학술적으로는 훌륭하나, 경영진에게는 모호한 추상 관념에 불과합니다. 경영진의 뇌 구조는 '숫자'와 '생존', 그리고 '기회비용'이라는 언어에 민감하게 반응합니다.

경영진 앞에서 "이 교육은 구성원들의 자아실현을 돕습니다"라고 말하는 대신, 다음과 같이 비즈니스의 언어로 변환하여 발언하십시오.

"본 교육 솔루션은 현업의 리드 타임을 20% 단축시키고, 핵심 인재의 이탈률을 낮춤으로써 결과적으로 연간 50억 원 상당의 유무형적 손실을 방지하는 전략적 투자입니다."

여러분이 교육공학의 이론을 비즈니스의 수치로 치환하여 설명할 수 있을 때, 경영진은 여러분을 단순한 '강사'가 아닌, 기업의 미래를 함께 설계하는 '전략적 파트너'로 신뢰하며 전폭적인 지지를 보낼 것입니다. 컨설팅의 권위는 여러분의 학식이 아니라, 그 학식이 고객의 통장 잔고와 시장 점유율에 어떤 영향을 주는지를 증명할 때 비로소 완성됨을 잊지 말아야 한다.

제2절. 역량 모델링 및 교육체계 수립 컨설팅

"우리 회사는 창의적이고 도전적인 인재를 원합니다." 기업 현장에서 컨설턴트가 가장 흔하게 접하는 요구사항이다. 그러나 '창의성'이나 '도전'이라는 단어는 해석하는 주체에 따라 천차만별의 의미를 지닌다. 누군가에게 창의성이란 예술적 감각일 수 있지만, 비즈니스 현장에서는 기존의 비효율적 프로세스를 파괴하고 혁신적 대안을 제시하는 구체적 행위여야 한다.

이처럼 모호한 지표를 구체적이고 관찰 가능하며 측정 가능한 행동 지표(Behavioral Indicator)로 정의하는 전략적 프로세스가 바로 '역량 모델링(Competency Modeling)'이다. 역량 모델링은 조직이 추구하는 유전자(DNA)를 추출하는 작업이며, 이를 바탕으로 인재 육성의 지도를 그리는 과정이 '교육체계 수립'이다.

1. 역량(Competency)의 개념과 입체적 구조 분석

역량은 단순히 높은 학력이나 화려한 자격증(Spec)의 집합을 의미하지 않는다. 현대 역량 이론의 시초인 데이비드 맥클릴랜드(David McClelland)와 이를 정교화한 스펜서(Spencer & Spencer)는 역량을 "특정한 상황이나 직무에서 준거에 의한 우수한 성과(Superior Performance)를 내는 원인이 되는 개인의 내적 특성"이라고 정의하였다.

1) 빙산 모형 (Iceberg Model)을 통한 역량의 심층 분석

역량은 겉으로 드러나는 영역보다 수면 아래에 숨겨진 영역이 성과에 더 결정적인 영향을 미친다.

- 수면 위 (보이는 영역 – 구체적 차원): 특정 직무를 수행하기 위해 필요한 지식(Knowledge)과 기술(Skill)이 여기에 해당한다. 이는 교육과 훈련을 통해 비교적 단기간에 개발과 습득이 용이한 영역이다.

- 수면 아래 (보이지 않는 영역 – 추상적/잠재적 차원): 태도(Attitude), 자아개념(Self-concept), 특질(Traits), 동기(Motives) 등이 포함된다. 이들은 개인의 행동을 유발하는 근본적인 동력으로, 쉽게 관찰되거나 변화시키기 어렵지만 고성과를 지속적으로 창출하는 핵심 변수가 된다.

컨설팅의 핵심은 수면 위의 지식을 전달하는 것을 넘어, 수면 아래에 잠재된 '고성과자의 성공 유전자'를 어떻게 자극하고 행동으로 끌어올릴 것인가에 초점을 맞추어야 한다.

2) 역량의 층위별 구조 (D5 – 계층적 차원)

대부분의 전략적 기업들은 역량을 조직 전체와 개별 직무의 특성에 따라 다음과 같은 3단 구조로 계층화하여 관리한다.

- 공통 역량 (Core Competency): 기업의 핵심 가치(Core Value)를 실현하기 위해 모든 구성원에게 공통으로 요구되는 역량이다. (예: 신뢰, 고객 지향, 도전 정신)
- 리더십 역량 (Leadership Competency): 조직 내 계층이나 역할(팀장, 임원 등)에 따라 요구되는 역량이다. (예: 전략적 의사결정, 성과 코칭, 변화 관리)
- 직무 역량 (Job/Functional Competency): 특정 업무를 수행하기 위해 필수적인 전문 지식과 기술이다. (예: 재무 분석 역량, 데이터 마이닝 기술, 세일즈 협상력)

2. 고성과자의 비밀을 규명하는 BEI 기법

역량은 책상 위에서의 논리적 유추가 아닌, 실제 현장에서 성과를 내는 사람들에 대한 정밀한 분석을 통해 도출되어야 한다. 이를 위해 사용되는 가장 강력한 도구가 BEI(Behavioral Event Interview, 행동사건면접)이다.

1) BEI의 메커니즘과 전략적 가치

BEI는 고성과자(High Performer)와 평범한 성과자(Average Performer) 사이의 결정적인 행동 차이를 발견하기 위해 고안되었다. 이는 과거의 성공 또는 실패 사례에서 주인공이 "무엇을(What), 어떻게(How), 왜(Why)" 행했는지를 심층적으로 파헤치는 기법이다.

- 잘못된 질문의 예 (가설적 질문): "만약 까다로운 고객을 만난다면 어떻게 대처하시 겠습니까?" 이는 실제 행동이 아닌 '지식'이나 '당위'에 기반한 답변을 유도한다.
- BEI 질문의 예 (사건 중심 질문): "최근 1년 이내에 가장 설득하기 힘들었던 고객과 의 사례를 말씀해 주십시오. 당시 고객의 구체적인 불만 사항은 무엇이었으며, 선생 님께서는 그 순간 정확히 어떠한 조치를 취하셨습니까?"

2) 행동 지표 도출과 패턴 인식 (GI – 패턴 인식 P)

컨설턴트는 고성과자의 답변에서 일관된 행동 패턴을 찾아내야 한다. 평범한 성과자가 "정성을 다해 설명했다"는 모호한 표현에 그칠 때, 고성과자는 "고객사의 최근 3년 재무제 표와 경쟁사의 벤치마킹 데이터를 엑셀로 시각화하여 제시했다"는 구체적 데이터를 제공 한다. 이를 통해 컨설턴트는 [데이터 기반의 전략적 설득력]이라는 구체적인 역량을 도출 하게 된다.

3. 역량 기반 교육체계 (CBC) 수립 전략

추출된 역량(재료)이 확보되었다면, 이를 조직원에게 체화시키기 위한 설계도인 역량 기 반 교육체계(CBC: Competency Based Curriculum)를 수립해야 한다. 이는 교육이 단순한 지식의 나열이 아닌, 조직 성과와 정렬(Alignment)되도록 만드는 과정이다.

1) 교육 훈련 로드맵 (Training Roadmap) 작성

직원이 입사부터 퇴사까지 거치게 되는 경로에 맞추어 필수적인 역량과 교육 과정을 시 각화한다.
- 수직적 축: 직위 또는 연차 (신입–대리–과장–차/부장–임원)
- 수평적 축: 역량군 (공통–리더십–직무)
- 이수 체계: 해당 직위로 승진하기 위해 반드시 거쳐야 하는 '필수 과정'과 역량 강화 를 위해 선택할 수 있는 '심화 과정'을 구분하여 설계한다.

2) 교수설계의 최적화 (Course Design & IS – 혁신적 솔루션)

도출된 역량의 성격에 따라 교수법은 철저히 차별화되어야 한다.

- 지식(Knowledge) 기반 역량: 이러닝(e-Learning), 마이크로러닝 등 정보 전달 중심의 학습 방식이 효율적이다.
- 기술(Skill) 기반 역량: 시뮬레이션, 롤플레잉(Role-play), 실습 워크숍 등 직접 실행해 보고 피드백을 받는 'Doing' 방식이 필수적이다.
- 태도(Attitude) 및 가치 기반 역량: 단순 강의보다는 비전 공유 워크숍, 액션 러닝(Action Learning), 멘토링 등을 통해 내면적 성찰과 동기 부여를 이끌어내야 한다.

Prof's Insight. '아는 것'과 '할 줄 아는 것'의 간극

많은 기업 교육 현장에서 발생하는 비극 중 하나는 "마케팅 전략 강의를 수십 시간 들었는데, 정작 현업에서는 전략 한 줄도 못 짠다"는 호소입니다. 이는 교육 설계자가 '지식(Knowledge)'과 '역량(Competency)'의 결정적 차이를 간과했기 때문입니다.

지식은 "자전거를 타는 원리와 역학적 구조를 책으로 익히는 것"입니다. 반면 역량은 "실제로 자전거에 올라타 균형을 잡고 가파른 언덕을 넘어 목적지에 도달하는 것"입니다. 머리로 아는 것(Head)과 몸이 기억하는 것(Hand) 사이에는 거대한 '죽음의 계곡'이 존재합니다.

컨설턴트 여러분, 기업의 교육체계를 설계할 때 지식의 양을 자랑하는 '백과사전식 커리큘럼'의 유혹에 빠지지 마십시오. 경영진이 투자 대비 성과(ROI)를 묻는 이유는 '똑똑한 직원'이 아니라 '현장의 난제를 해결하는 일 잘하는 직원'을 원하기 때문입니다. 교육의 모든 설계는 "이 교육이 끝나면 학습자는 현업에서 무엇을 '행동'할 수 있는가?"라는 질문에서 시작되고 끝나야 합니다. 그것이 바로 교육공학이 비즈니스에 기여하는 가장 가치 있는 방식입니다.

제3절. 조직문화 및 성과관리 컨설팅

현대 경영학의 거두 피터 드러커(Peter Drucker)는 "문화는 전략을 아침 식사거리로 먹어치운다(Culture eats strategy for breakfast)"라는 명언을 남겼다. 이는 아무리 정교하고 혁신적인 경영 전략이 수립되더라도, 그것을 실행할 조직의 문화적 토양이 병들어 있거나 전략과 충돌한다면 결코 의도한 성과를 거둘 수 없음을 시사한다.

따라서 기업 교육 컨설턴트는 단순한 교육 프로그램의 전달자(Provider)를 넘어, 조직의 보이지 않는 뿌리인 '문화(Culture)'와 성과를 견인하는 핵심 엔진인 '성과관리 시스템(Performance Management)'을 진단하고 최적화하는 시스템 설계자로서의 역량을 갖추어야 한다.

1. 조직문화(Organizational Culture) 진단 및 개선 전략

조직문화란 구성원들이 공유하는 가치관, 신념, 관습의 집합체이자, "우리 회사에서는 원래 이렇게 행동해야 해"라고 통용되는 암묵적인 행동 규칙이다. 이는 조직의 고유한 정체성을 형성하며 구성원의 의사결정과 행동에 강력한 영향력을 행사한다.

1) 문화의 다층적 구조와 진단 (OCAI 모델의 심화)

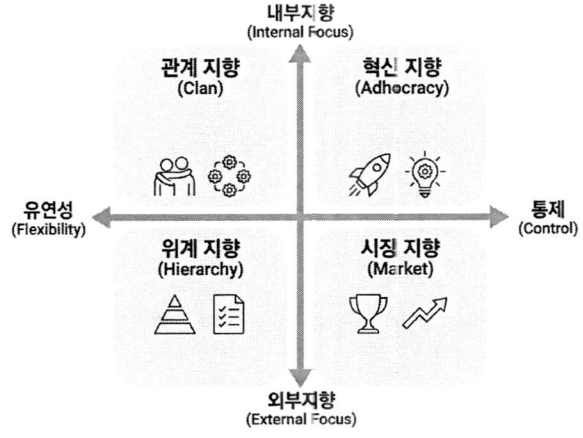

[그림 10-2] OCAI 모델

조직문화를 과학적으로 측정하기 위해 킴 카메론과 로버트 퀸(Cameron & Quinn)이 개발한 경쟁 가치 모형(CVF: Competing Values Framework) 기반의 OCAI(Organizational Culture Assessment Instrument) 진단 도구가 널리 활용된다.

- 관계 지향 문화(Clan): 가족 같은 유대감과 팀워크, 구성원의 성장을 중시한다. 리더는 멘토나 아버지 같은 역할을 수행한다.
- 혁신 지향 문화(Adhocracy): 도전과 창조, 위험 감수를 장려하며 변화에 민첩하게 대응한다. 외부 환경 변화에 민감한 스타트업에서 흔히 발견된다.
- 위계 지향 문화(Hierarchy): 규칙, 절차, 표준화를 통한 안정성과 효율성을 추구한다. 대규모 공공기관이나 보수적인 제조 기업의 특징이다.
- 시장 지향 문화(Market): 경쟁과 승리, 명확한 목표 달성과 이윤 극대화를 최우선으로 한다. 결과 중심의 성과주의가 지배적이다.

컨설턴트는 현재의 문화 유형(As-is)과 비즈니스 전략 달성을 위해 필요한 바람직한 문화 유형(To-be) 사이의 간극(Gap)을 식별해야 한다. 예를 들어, 디지털 전환을 목표로 하는 기업이 진단 결과 '위계 지향'에 과도하게 치우쳐 있다면, 컨설턴트는 '실패 용인 제도'나 '수평적 직급 체계'를 제안하여 혁신 지향성을 높이는 문화적 개입을 수행해야 한다.

2) 에드거 샤인의 문화 계층론과 가치 내재화

단순히 핵심 가치를 벽보에 붙이는 행위는 문화 개선이 아니다. 에드거 샤인은 문화를 세 가지 층위로 구분했는데, 진정한 컨설팅은 가장 깊은 곳을 건드려야 한다.

- 가공물(Artifacts): 눈에 보이는 사무실 구조, 복장, 로고 등.
- 표방하는 가치(Espoused Values): 명문화된 핵심 가치나 기업 이념.
- 근본적 기저 가정(Underlying Assumptions): 당연하게 여겨지는 무의식적 믿음.
- 컨설턴트는 표방하는 가치(소통, 혁신 등)가 기저 가정과 일치하도록 '행동 규범(Code of Conduct)'을 구체화해야 한다. "소통합시다"라는 추상적 구호 대신, "보고는 1장 이내로, 회의 시에는 반드시 반대 의견을 하나 이상 제안한다".

2. 성과관리(Performance Management) 컨설팅의 패러다임 전환

성과관리는 연말에 서열을 매겨 보상을 차등 지급하는 일회성 '평가(Appraisal)' 행위가 아니다. 조직의 목표 달성을 위해 1년 내내 리더와 구성원이 긴밀하게 소통하며 지원하는 '지속적인 프로세스(Continuous Process)'이다.

1) MBO와 KPI의 전략적 정렬 (Alignment)

성과관리의 핵심은 전사 전략과 개인의 과업이 일치되는 것이다.

- MBO (Management By Objectives): 결과 중심의 목표 설정 방식이며, 상사와 부하가 합의를 통해 도전적인 목표를 수립한다.
- KPI (Key Performance Indicators): 목표 달성 여부를 증명하는 객관적 수치이다. 컨설턴트는 "열심히 하겠다"는 모호한 목표를 "고객 이탈률 5% 감소"와 같이 측정 가능한 지표로 전환하도록 코칭한다.
- 최신 트렌드(OKR): 최근에는 구글 등에서 활용하는 OKR(Objectives and Key Results)을 도입하여, 더욱 도전적이고 유연한 성과관리 체계를 구축하는 컨설팅 수요가 급증하고 있다.

2) 성과 코칭과 피드백 문화의 정착

과거의 리더가 성적을 매기는 '심판관'이었다면, 현재의 리더는 성과 창출을 돕는 '코치(Coach)'여야 한다.

- 상시 피드백(Ongoing Feedback): 연말 '폭탄형' 피드백은 구성원의 사기를 저하시킨다. 컨설턴트는 매주 또는 매달 정기적인 '1on1 미팅' 매뉴얼을 보급하고, 리더들이 성과 기반의 긍정적/교정적 피드백을 적시에 수행하도록 훈련시켜야 한다.
- 심리적 안전감(Psychological Safety): 피드백이 공격으로 인식되지 않으려면 조직 내에 높은 심리적 안전감이 형성되어야 한다. 이는 성과관리 시스템이라는 '하드웨어'가 작동하기 위한 '소프트웨어'적 기반이다.

어항 속 물고기(직원)가 병들었을 때, 대다수의 경영진은 물고기에게 독한 주사(강압적 교육)를 놓거나, 상태가 안 좋은 물고기를 변기에 내리고 새로운 물고기(채용)를 들여오려 합니다. 하지만 진짜 원인이 '산소가 부족하고 오염된 물(조직문화)'이라면 어떻게 될까요? 새로 들어온 건강한 물고기조차 금방 시들해지거나, 살기 위해 어항 밖으로 뛰어오르는(이직) 비극이 반복될 뿐입니다.

컨설턴트 여러분, 눈에 보이는 직원들의 개별 역량만을 탓하지 마십시오. 그들이 숨 쉬고 있는 공기(문화)가 맑은지, 그들이 헤엄치는 물(평가 및 보상 시스템)이 투명한지를 먼저 들여다보십시오. 오염된 물을 정화하고 신선한 산소를 공급하는 것, 즉 조직의 토양을 혁신하는 것이야말로 성과라는 열매를 맺게 하는 가장 근본적이고 지혜로운 처방입니다.

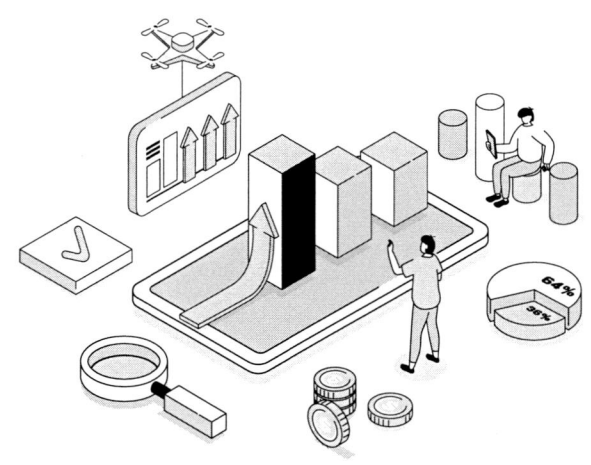

제4절. [Case Study] 기업 HRD 컨설팅 프로젝트 사례

학술적 이론서에 등장하는 기업들은 대개 합리적인 의사결정 구조를 가진 것처럼 묘사되지만, 현실의 기업 생태계는 복잡한 정치적 이해관계, 고착화된 관행, 그리고 현상에 대한 오해들로 얼룩져 있기 마련이다. 본 절에서는 매출 정체라는 실존적 위기에 직면한 중견 제조기업 C사의 사례를 통해, 컨설턴트가 어떠한 사고 과정을 거쳐 조직의 본질적 결함을 진단하고 혁신적인 심폐소생술을 실시했는지 그 전략적 복기(Replay) 과정을 상술한다.

1. 프로젝트 개요: 현상에 매몰된 요구와 문제의 재정의

⊙ 클라이언트 상황 (Client Context) 및 위기 징후

국내 중견 제조기업인 C사는 30년의 유구한 업력을 자랑하며 직원 수 500명 규모로 성장했으나, 최근 5년 연속 매출이 정체되는 심각한 '성장의 함정(Growth Trap)'에 빠져 있었다. 시장의 중심이 스마트 제조와 디지털로 급격히 재편되는 VUCA 환경 속에서, C사는 신제품 출시 지연과 중국 경쟁사들의 가파른 추격으로 인해 시장 점유율이 급격히 잠식당하는 위태로운 상황이었다.

⊙ 초기 의뢰 사항 (Initial Request)의 허점

C사의 대표이사는 현재의 위기를 구성원들의 '정신 전력 약화'에서 찾았다. 그는 "요즘 젊은 직원들은 주인의식이 부족하고 패기가 없다. 9시 정시 출근과 칼퇴근에만 급급한 이들에게 과거의 '하면 된다'는 헝그리 정신을 주입할 2박 3일 합숙 정신 교육(Mindset Training)을 실시해달라"고 강력히 요청했다. 이는 전형적으로 문제의 원인을 시스템이 아닌 개인의 태도 탓으로 돌리는 오류였다.

⊙ 컨설턴트의 문제 재정의 (PR: Problem Redefinition)

문제의 관점을 180°회전시켜 보았을 때, 직원의 패기 부족은 원인이 아니라 '잘못된 시스템이 낳은 결과'라는 가설이 도출되었다.

- 가설 설정: 구성원들은 열정이 없는 것이 아니라, 새로운 기술적 패러다임(스마트 제조)에 대응할 구체적인 역량(Skill)이 부재하거나, 새로운 시도를 했다가 실패할 경우 가차 없이 문책당하는 경직된 문화(Culture) 때문에 복지부동(伏地不動)하고 있는 것은 아닌가?

2. 수행 과정 (Process): 과학적 진단에서 혁신적 설계까지

◉ 1단계: 다차원 정밀 진단 (Diagnosis)

컨설턴트는 1개월간 조직을 해부하였다.

- 역량 차원 분석: 고성과자(High Performer)에 대한 행동사건면접(BEI) 결과, 성과를 내는 핵심 소수는 이미 공정 데이터를 분석하여 효율을 극대화하고 있었으나, 대다수 일반 직원은 여전히 과거의 경험과 '감'에 의존하는 거대한 역량 공백(Skill Gap)이 발견되었다. 즉, 문제는 정신력이 아니라 '디지털 리터러시'의 부재였다.

- 계층 및 문화 차원 분석: OCAI 진단 결과, C사는 극단적인 '위계 지향(Hierarchy)' 문화를 보였다. 과거 신제품 개발 실패로 인해 팀장이 좌천된 사건이 조직 내 '심리적 낙인'으로 작용하여, 아무도 창의적인 아이디어를 내지 않는 '학습된 무기력' 상태임이 입증되었다.

◉ 2단계: 혁신적 솔루션 설계 (IS: Innovative Solution)

컨설턴트는 대표이사가 요구한 휘발성 강한 집합 교육을 과감히 폐기하고, 개인의 역량(HRD)과 조직의 체질(OD)을 동시에 혁신하는 블렌디드 솔루션을 설계하였다.

- Solution 1. 역량 기반의 실천 학습(Action Learning): '불굴의 의지'와 같은 추상적 가치 대신, '데이터 기반 문제 해결'을 전사 공통 역량으로 설정하였다. 강의 중심의 교육을 지양하고, 실제 공정상의 비효율 데이터를 분석하여 해결책을 도출하는 액션

러닝을 도입함으로써 학습이 실질적인 성과로 연결되도록 구성하였다.

- Solution 2. 문화적 안전망 구축: 실패를 자산으로 전환하기 위해 '이달의 도전상'과 '실패 페스티벌'을 기획하였다. 이는 실패한 프로젝트라 하더라도 그 과정에서 얻은 교훈(Lesson Learned)을 공유할 경우 파격적으로 포상하는 제도로, 조직 내에 심리적 안전감(Psychological Safety)을 주입하는 촉매제가 되었다.

3. 프로젝트 결과 (Outcome): 지혜의 통합과 성과의 증명

6개월간의 집중적인 개입 결과, C사는 단순한 분위기 반전을 넘어 통합적 지혜가 작동하는 조직으로 탈바꿈하였다.

⊙ 정량적 성과 (Hard Data) 및 ROI

- 실질적 매출 기여: 액션 러닝 과정을 통해 도출된 '공정 데이터 분석 최적화 모델'이 실제 라인에 적용되었고, 그 결과 불량률 15% 감소와 연간 약 10억 원의 원가 절감이라는 경이로운 ROI(투자 대비 성과)를 달성하였다.
- 혁신 파이프라인 확장: 신제품 아이디어 제안 건수가 전년 대비 300% 급증하며, 조직 내에 정체되었던 창의적 에너지가 분출되기 시작하였다.

⊙ 정성적 성과 (Soft Data) 및 조직 체질 변화

- 심리적 자산 가치 상승: 조직 몰입도 조사에서 "우리 회사는 혁신이 가능하다"는 긍정 응답률이 40%에서 75%로 비약적으로 상승하였다.
- 핵심 인재 유지: 조직의 미래 비전에 실망하여 이탈을 고민하던 3년 차 이하 주니어 직원의 퇴사율이 급감하며, 조직의 영속성을 확보하였다.

⊙ 3단계: 실행 및 인사이트 증폭

- 변화 관리자(Change Agent)의 전략적 배치: Z- 팀에서 영향력이 크고 수용도가 높은 과장급 인재들을 '디지털 코치'로 임명하여, 교육 내용이 현업에서 증폭되도록 돕

는 인적 네트워크를 구축하였다.

- 최고경영자(CEO) 코칭: 시스템만 바꾸는 것은 불가능하다. 컨설턴트는 대표이사가 회의 석상에서 "누가 책임질 거야!"라고 질책하는 대신, "이 시도에서 우리가 얻은 데 이터는 무엇인가?"라고 질문하도록 언어 습관을 교정하는 1:1 코칭을 병행하였다.

Prof's Insight. 환자가 달라는 약을 주지 마십시오.

우리 교육 컨설턴트들이 명심해야 할 점은 클라이언트가 가져오는 초기 진단이 대개 '오 진(誤診)'일 가능성이 높다는 사실입니다. 환자(기업)가 "소화가 안 되니 소화제를 달라" 고 말할 때, 아무런 검진 없이 소화제만 처방하는 의사는 돌팔이에 불과합니다. 진정한 실력자는 청진기를 대고 혈액 검사를 실시하여 "이것은 소화불량이 아니라 당장 수술이 필요한 맹장염입니다"라고 말할 수 있어야 합니다.

이번 C사의 사례에서도 대표이사는 '역량과 시스템의 결핍(맹장염)'을 단순한 '정신력의 부재(소화불량)'로 오인하고 있었습니다. 만약 컨설턴트가 비위를 맞추기 위해 해병대 캠프나 극기 훈련을 제안했다면, 직원들의 냉소주의만 극대화되어 조직의 붕괴를 가속 화했을 것입니다.

컨설턴트 여러분, 클라이언트에게 기꺼이 'No'라고 말할 수 있는 용기가 진정한 컨설팅 의 출발점입니다. 클라이언트가 원하는 것(Want)에 매몰되지 마십시오. 그들에게 진정 으로 필요한 것(Need)을 분석하고 제안할 때, 비로소 여러분은 단순한 용역 수행자가 아닌 조직의 운명을 바꾸는 전략적 동반자로 우뚝 서게 될 것입니다.

Workbook 10-1. BEI(행동사건면접) 질문 설계 및 역량 분석 실습

⊙ **목표**

고성과자의 내면화된 성공 패턴을 추출하기 위해 추상적 질문을 구체적인 행동 지표 기 반 질문으로 변환하는 역량을 습득한다.

1) 질문의 구조적 재설계 (Before & After)

- 잘못된 질문(Vague Question): "선생님은 평소 고객 만족을 위해 어떤 서비스 마인드를 가지고 업무에 임하시나요?"
- 비판: 피면접자의 주관적 신념이나 당위적인 답변만을 유도하며, 실제 행동 데이터를 확보하기 어렵다.
- BEI 기반 질문(STAR Method): "최근 1년 이내에 고객의 무리한 요구로 인해 계약이 파기될 위기에 처했던 구체적인 사례를 말씀해 주십시오. 당시 상황(S)은 어떠했으며, 선생님께 부여된 과업(T)은 무엇이었습니까? 구체적으로 어떠한 행동(A)을 취하셨고, 그 결과(R)는 어떠했는지 상세히 설명해 주십시오."

2) 실습: 답변 데이터에서 역량(Competency) 키워드 추출하기

가상의 답변 텍스트: "저는 단순히 제품 사양을 설명하지 않았습니다. 고객사의 지난 5년간 공정 효율 데이터를 입수하여 우리 제품 도입 시 절감되는 에너지 비용을 엑셀로 시뮬레이션해 보여주었습니다. 또한 경쟁사 제품과의 비교 우위표를 제시하며 고객사의 결정권자를 설득했습니다."

- 역량 분석 결과 (학생 작성):
- 추출된 역량명: [데이터 기반 설득력], [전략적 분석 사고]
- 행동 지표(BI): 정성적 호소가 아닌 객관적 수치와 시각화 자료를 활용하여 논리적 근거를 제시함.

Workbook 10-2. 정성적 목표의 정량적 KPI 변환 실습

⊙ 목표

성과관리 컨설팅의 핵심인 모호한 경영 목표를 측정 가능한 핵심성과지표(KPI)로 구체화하는 능력을 기른다.

◆ 〈표10-2〉 목표 구체화 매트릭스 채우기

구분	모호한 정성적 목표 (Intangible)	측정 가능한 정량적 KPI (Tangible)
영업 부문	"시장 점유율 확대를 위해 열 심히 뛴다."	"신규 고객사 15개 확보 및 재구매율 20% 향상"
조직 문화	"부서 간 협력을 강화하고 소 통을 증진한다."	"협업 툴(Slack 등) 활용 빈도 50% 증대 및 월 1회 교차 부서 지식 공유회 개최"
디지털 전환	""직원들의 디지털 역량을 강 화한다."	"전 직원 데이터 분석 자격 취득률 80% 달성 및 현업 문제 해결 액션 러닝 과제 10건 도출"
리더십	"팀장들의 코칭 역량을 높인 다."	"팀원 만족도 조사 내 '성장 지원' 항목 점수 4.5점(5점 만점) 이상 달성"

Workbook 10-3. C사 사례 기반 전략적 컨설팅 제안서 작성

⊙ 목표

Case Study에서 다룬 C사의 위기 상황을 바탕으로, 자신만의 독창적인 솔루션을 기획한다.

⊙ 과제 1. 경영진 요구사항의 비판적 분석

C사 대표이사가 요청한 '2박 3일 해병대 캠프식 정신 교육'이 왜 근본적인 해결책이 될수 없는지 조직학적 관점에서 서술하시오. (힌트: 이완 결합 체제, 기술적 스트레스)

⊙ 과제 2. 통합 솔루션 기획

내가 C사의 주관 컨설턴트라면, '디지털 역량 강화(HRD)'와 '심리적 안전감 구축(OD)'을위해 어떠한 구체적인 프로그램을 도입할 것인지 명칭과 핵심 내용을 제안하시오.
- 제안 프로그램 1 (HRD): [예시: 데이터 분석 기반 스마트 팩토리 실전 프로젝트]

• 제안 프로그램 2 (OD): [예시: 실패 자산화를 위한 Fail-Forward 워크숍]

심화 토론

┃ 주제 1. 컨설턴트의 윤리적 딜레마 - 고객이 원하는 것(Want) vs 필요한 것 (Need)

◉ 배경

본문의 C사 사례에서 컨설턴트는 수익이 보장되는 고객의 요구(정신 교육)를 거부하고, 고통스럽지만 본질적인 변화(역량 및 문화 개선)를 역제안했다.

◉ 토론 질문

만약 여러분이 컨설턴트인데, 클라이언트가 강력하게 "우리 조직은 복잡한 진단 따위는 필요 없다. 당장 눈에 보이는 해병대 캠프만 수행해달라"고 고집하며 거액의 계약금을 제시한다면 어떻게 하겠는가?

1. 고객의 요구를 수용하여 단기적 수익을 창출하고 고객 만족(?)을 이끌어낸다.
2. 전문가로서의 양심을 지켜 계약을 포기하더라도 클라이언트의 오진을 지적하고 설득한다.

◉ 논의점

어떤 선택이 장기적으로 컨설턴트의 브랜드 가치와 고객사의 지속 가능한 성장에 기여할 것인지 논의해 보자.

주제 2. 기업 교육은 '매몰 비용'인가, '전략적 투자'인가?

⊙ 배경

전략적 HRD에서는 교육을 투자(Investment)로 정의하지만, 경제 위기 상황에서 기업들은 가장 먼저 교육 예산부터 삭감하는 이중적 행태를 보인다.

⊙ 토론 질문

경영진이 교육비를 여전히 '비용(Cost)'으로 인식하게 만드는 근본적인 원인은 무엇인가? 컨설턴트가 경영진에게 교육이 '확실한 투자'임을 입증하기 위해 제시해야 할 가장 객관적인 증거(Evidence)는 무엇이며, 이를 어떻게 데이터로 증명할 수 있을지 아이디어를 나누어 보자. (키워드: ROI, 비즈니스 성과 기여도, 기회비용)

주제 3. 조직 문화의 파괴력 - "문화는 전략을 이기는가?"

⊙ 배경

피터 드러커는 조직 문화가 전략의 실행력을 결정짓는 근본적인 토양임을 강조했다.

⊙ 토론 질문

아무리 우수한 디지털 전환 전략과 인재가 확보되어 있어도, "실패하면 끝장이다"라는 두려움의 문화가 지배하는 조직에서 혁신이 일어날 수 있는가?

⊙ 실행 과제

자신이 경험했던 조직(동아리, 아르바이트, 학교 프로젝트 팀 등)에서 '좋지 못한 문화' 때문에 혁신적 아이디어가 사장되었던 사례나, 반대로 '훌륭한 문화' 덕분에 예상을 뛰어넘는 성과를 냈던 사례를 공유하고 그 원인을 분석해 보자.

제11장 공공 및 평생교육 컨설팅

📋 제1절. 평생학습도시 및 지자체 교육 컨설팅

전통적 의미의 학교 담장은 이미 무너졌다. 교육의 장소는 교실이라는 물리적 공간을 넘어 마을 회관, 지역 도서관, 골목 카페, 그리고 삶의 현장인 일터로 무한히 확장되고 있다. 특히 지방 자치 단체장에게 교육은 단순한 선심성 복지를 넘어, 지역 인구 유출을 막고 정주 여건을 개선하는 가장 강력한 '인구 정책이자 도시 재생 전략'으로 기능한다.

따라서 지자체 교육 컨설팅은 백화점식 문화 강좌의 나열을 지양하고, 지역이 보유한 유·무형의 자원을 결합하여 시민의 역량을 지역 발전의 동력으로 치환하는 '전략적 도시 경영' 차원에서 정교하게 설계되어야 한다.

1. 평생학습도시 중장기 발전 계획 수립: 비전의 입체화

국가 차원의 '평생학습도시' 지정은 시작일 뿐, 진정한 컨설팅은 지정 이후의 지속 가능성과 지역 특화 발전을 설계하는 과정에서 그 성패가 갈린다.

1) 지역 맞춤형 비전(Vision)의 수립과 MDA 분석

모든 도시가 동일한 평생학습 모델을 복제할 수는 없다. 컨설턴트는 지역의 고유한 자산(Resource)을 다각도로 분석해야 한다.

- 공간적 차원(D2): 관광 도시라면 시민 개개인이 지역의 서사를 전달하는 스토리텔러가 되는 "시민 큐레이터 도시"를, 농업 도시라면 첨단 기술을 접목한 "스마트 팜 리

더 양성 도시"를 비전으로 삼는다.

- 전략적 정렬(Alignment): 지자체장의 핵심 공약(Manifesto)과 평생교육을 수직적으로 정렬시킴으로써 정책적 실행력을 확보하고 예산 확보의 타당성을 증명한다.

2) 학습 공간의 유비쿼터스화와 사회적 자본 형성

거대한 하드웨어를 신축하는 방식에서 벗어나, 지역 내 유휴 공간을 학습의 장으로 전환하는 소프트웨어 중심의 접근이 필요하다.

10분 거리 학습권 설계: 동네 카페, 공방, 작은 도서관 등을 '동네 배움터'로 지정하여 시민들이 일상의 동선 안에서 학습을 경험하게 한다. 이는 시민들 사이의 '약한 연결(Weak Ties)'을 강화하여 지역의 사회적 자본을 두텁게 만드는 핵심 전략이다.

2. 거버넌스(Governance) 구축: 칸막이 행정의 타파와 협력적 연결

지자체 평생교육의 고질적인 한계는 기관 간의 소통 부재로 인한 '칸막이 행정(Silo Effect)'과 예산의 중복 집행에 있다.

1) 실무 중심 거버넌스의 활성화

연 1~2회 개최되는 형식적인 위원회 구조를 탈피하여, 시청, 교육청, 대학, 시민단체의 실무자들이 상시 소통하는 '실무협의체'를 가동해야 한다. 컨설턴트는 이들이 공동의 목표(예: 지역 축제 공동 기획, 청소년 융합 진로 캠프 등)를 달성하는 경험을 통해 협력적 신뢰를 쌓도록 유도해야 한다.

2) 마을교육공동체와 '마을 교사' 제도화

학교와 마을의 물리적 · 심리적 경계를 허무는 작업이다. 지역 내 은퇴 전문가나 경력 단절 여성 등 잠재적 교육 자원을 발굴하여 '마을 교사(Village Teacher)'로 양성한다. 이들을 방과 후 수업이나 자유학기제 강사로 투입함으로써, 공교육의 내실화와 지역 내 양질의 일자리 창출이라는 성과를 도출한다.

3. 프로그램 포트폴리오의 혁신: 소비형 취미에서 생산적 전략으로

"노래교실과 요가 강좌의 반복적 개설은 지자체 평생교육의 질적 성장을 저해한다." 이는 컨설턴트가 현장에서 가장 냉철하게 지적해야 할 대목이다. 여가 선용 위주의 소비형 프로그램에서 지역의 문제를 해결하고 실질적인 삶의 질을 높이는 '전략적 프로그램'으로 포트폴리오를 재편해야 한다.

◈ 〈표 11-1〉 평생학습 프로그램의 패러다임 전환

구분	전통적 프로그램 (Hobby & Leisure)	전략적 프로그램 (Social & Strategic)
지향점	개인의 일시적인 즐거움과 여가	지역 문제 해결 및 경제적 자립
핵심 내용	꽃꽂이, 서예, 댄스 등 취미 중심	자격증 연계, 로컬 창업, 시민 기술
시민 역할	교육 서비스의 수동적 수혜자	공동체 변화를 이끄는 능동적 주체
성과 지표	수강생 만족도 및 출석률	일자리 창출 수, 지역 현안 해결 건수

1) 일자리 연계형 평생교육: 신중년과 청년의 상생

은퇴를 앞둔 신중년(5060)에게는 단순 취미를 넘어 재취업과 직결되는 기술 교육(조경, 전기, 시니어 코칭 등)을 제공하고, 청년들에게는 지역 자원을 활용한 '로컬 크리에이터' 인큐베이팅 과정을 설계하여 지역 경제의 선순환 구조를 만든다.

2) 시민 리빙랩(Living Lab)의 도입

실생활의 현장을 실험실로 삼는 '리빙랩' 방식을 평생학습 동아리에 도입한다. "우리 동네 주차 문제 해결 방안", "독거노인 고독사 예방 네트워크 구축" 등 구체적인 지역 현안을 학습의 주제로 삼고 해결책을 제안하게 함으로써, 학습을 실천으로 전환하는 고도의 시민 교육을 실천한다.

Prof's Insight. 도서관을 짓는 것보다 중요한 것

많은 지자체장은 자신의 치적을 남기기 위해 거대한 도서관이나 화려한 문화센터 건물을 짓고 싶어 하는 유혹에 빠지곤 합니다. 하지만 우리 컨설턴트들은 단호하게 조언해야 합니다. 건물(Hardware)은 지어지는 순간부터 감가상각이 시작되지만, 학습된 시민(Software)은 시간이 흐를수록 그 지혜와 역량이 복리로 증폭되기 때문입니다.

건물은 시간이 지나면 낡고 비어갈 수 있지만, 옆집 아저씨가 마을 선생님이 되고 카페 사장님이 청소년의 멘토가 되는 '관계의 망(Social Capital)'은 그 지역을 지키는 가장 견고하고 영구적인 방파제가 됩니다.

지방 소멸의 파고를 막아낼 유일한 해법은 시멘트 구조물이 아니라, 끊임없이 배우고 실천하는 시민들의 연대 속에 있습니다. "건물을 짓지 말고, 학습 동아리를 지으십시오." 이 단순하지만 강력한 명제야말로 공공 교육 컨설팅의 진정한 소명이자 가치라고 믿습니다.

제2절. 대학 혁신(University Innovation) 및 기관 평가 컨설팅

"벚꽃 피는 순서대로 대학이 문을 닫는다"는 자조 섞인 담론은 더 이상 가상의 시나리오가 아닌 고등교육 생태계의 잔혹한 현실이 되었다. 저출산으로 인한 학령인구의 급격한 감소와 장기간 지속된 등록금 동결이라는 이중고(Double Bind) 속에서, 대학에 있어 컨설팅은 단순한 '발전 전략'을 넘어선 필수적인 '생존 키트(Survival Kit)'로 그 위상이 변화하였다.

현대 대학 혁신 컨설팅의 핵심 축은 크게 두 가지로 요약된다. 하나는 비효율적인 비대함을 덜어내고 체질을 개선하는 '구조개혁(Restructuring)'이며, 다른 하나는 대학의 경상비를 지탱할 국가 재원 확보를 위한 '평가 대응(Evaluation Management)'이다. 본 절에서는 이러한 생존의 난제들을 해결하기 위한 전략적 방법론을 다룬다.

1. 대학 구조개혁 및 특성화 전략: "종합대학의 환상을 버려라"

과거의 대학은 모든 학문 분야를 백화점식으로 나열하는 '종합대학(General University)' 모델을 지향하였다. 그러나 자원이 한정된 작금의 환경에서 지방 소규모 대학이 대형 대학의 모델을 복제하는 것은 자멸에 이르는 지름길이다. 컨설턴트는 대학의 고유한 색깔을 규명하는 특성화(Specialization) 전략을 도출해야 한다.

1) 데이터 기반의 학사 구조 개편 (Restructuring)

대학 내에서 학과 통폐합은 가장 강력한 구조적 저항에 부딪히는 고통스러운 과정이다. 이를 극복하기 위해 컨설턴트는 단순한 정치적 타협이 아닌, '증거 기반의 데이터(Evidence-based Data)'를 제시해야 한다.

- 학술 포트폴리오 분석: 신입생 충원율, 재학생 중도 탈락률, 취업률 및 산업 수요 적합성 등 다각도의 지표를 정밀 분석하여 학과의 경쟁력을 진단한다.
- 유연한 융합 학부로의 전환: 학과의 단순 폐지가 아니라, 미래 산업(AI, 반도체, 미

래 모빌리티 등)의 흐름에 맞춰 기존 학문의 경계를 허무는 '공유 및 융합 전공'으로의 리모델링 대안을 제시함으로써 구성원들의 심리적 장벽을 낮춘다.

2) 특성화 브랜딩(Branding)을 통한 시장 우위 확보

"우리 대학만이 줄 수 있는 독보적인 학습 경험(Student Experience)은 무엇인가?"라는 질문에 답해야 한다.

- 전문점(Specialty Store) 전략: 지역 산업 생태계와 밀착하여, A대학은 '스마트 해양 물류', B대학은 '디지털 헬스케어'와 같이 특정 분야에서만큼은 수도권 대학을 능가하는 '로컬 강소 대학'으로 브랜딩해야 한다. 이는 신입생 유치를 위한 마케팅 차원을 넘어 대학의 영속성을 담보하는 본질적 기초가 된다.

2. 기관 평가 및 재정지원사업 대응: "전략적 정렬과 서사의 힘"

등록금 수입만으로는 기본적인 운영조차 불가능해진 상황에서, 대학기본역량진단, LINC 3.0, 대학혁신지원사업 등 정부의 대규모 재정 지원을 확보하는 것은 대학의 사활이 걸린 '생명줄(Lifeline)' 관리와 같다.

1) 정량 지표의 체계적 관리 (Quantitative Management)

평가는 결국 객관화된 수치로 증명된다. 컨설턴트는 대학의 취약 지표를 조기에 식별하고 이를 단기간에 개선할 수 있는 정밀 처방을 내려야 한다.

- 전임교원 확보 및 교육 여건 개선: 지표 산출 방식의 허점을 보완하는 차원을 넘어, 실제 교육의 질을 담보할 수 있는 우수 교원 확보 전략을 수립한다.
- 학생 성공 생애주기 관리(SLM): 입학부터 졸업, 그리고 취업 이후의 추적 관리까지 포괄하는 학생 생애주기 관리 시스템을 구축하여 충원율과 취업률이라는 두 마리 토끼를 동시에 잡는 선순환 구조를 설계한다.

2) 정성 보고서의 스토리텔링 및 모의 평가 대응

평가 위원들의 마음을 움직이는 것은 단순한 실적의 나열이 아니라, 대학이 처한 위기를 어떻게 혁신으로 승화시켰는가에 대한 '변화의 서사(Narrative of Change)'이다.

- 증거 중심의 스토리텔링: 대학의 비전이 실제 교육 현장에서 어떻게 구현되었는지 구체적인 우수 사례(Best Practice)를 발굴하여 보고서의 논리 구조를 탄탄하게 구축한다.
- 모의 평가(Mock Evaluation)와 디펜스 로직: 컨설턴트가 실제 평가 위원의 시각에서 날카로운 질문을 던지는 리허설을 주관하고, 대학의 약점을 방어하기 위한 논리 체계(Defense Logic)를 정교하게 다듬는다.

3. RISE 체계와 글로컬 대학: 고등교육 생태계의 지각 변동

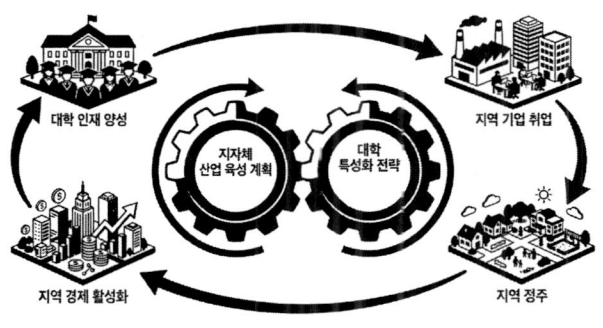

[그림 11-1] RISE 체계와 글로컬 대학 생태계 지도

2025년을 기점으로 대학 컨설팅의 패러다임은 근본적으로 변화하고 있다. 중앙 정부 주도의 지원에서 지자체로 권한이 이양되는 RISE(지역혁신중심 대학지원체계)와 글로컬 대학 30 사업이 고등교육의 새로운 게임의 법칙으로 자리 잡았기 때문이다.

- 지자체-대학-산업체 협력 거버넌스: 이제 대학은 교육부의 눈치를 보는 고립된 섬이 아니라, 지역 사회의 문제를 해결하는 '로컬 싱크탱크(Local Think-tank)'가 되

어야 한다.

- 전략적 정렬(Alignment)의 확장: 대학의 중장기 발전 계획을 지자체의 '지역 전략 산업 육성 계획'과 수평적으로 일치시켜야 한다. "대학의 성장이 지역의 정주 인구 증가와 경제 활성화로 이어진다"는 강력한 인과적 서사를 개발하는 것이 컨설팅의 핵심 성공 요인이다.

Prof's Insight. 지표(Index)를 쫓지 말고 학생을 쫓으십시오.

대학 평가 시즌이 되면 캠퍼스는 흡사 전쟁터를 방불케 합니다. 취업률 0.1%를 높이기 위해 졸업생들에게 전화를 돌리고, 보고서의 문구 하나를 수려하게 다듬기 위해 밤을 새우는 교직원들의 모습은 안쓰럽기까지 합니다.

하지만 컨설턴트 여러분, 이 과정에서 일어나는 '주객전도'의 함정을 경계해야 합니다. 취업률이라는 지표를 올리는 가장 확실하고 지속 가능한 방법은 숫자를 교묘히 만지는 것이 아니라, '진짜로 학생들의 실력을 키워주는 것'입니다. 충원율을 높이는 근본적인 비결은 홍보비를 투입하는 것이 아니라, '학생들이 수업에 만족하여 친구를 데려오고 싶게 만드는 수준 높은 강의'를 제공하는 것입니다.

평가는 교육의 결과물일 뿐, 그 자체가 목적이 되어서는 안 됩니다. 컨설팅의 본질은 결국 '학생 성공(Student Success)'이라는 교육의 시원적 가치로 회항하는 것입니다. 기본이 튼튼하고 학생의 삶을 진정으로 변화시키는 대학은, 세상의 어떤 평가 잣대가 들이닥쳐도 결코 흔들리지 않는 법입니다.

📋 제3절. 진로 및 직업 설계 컨설팅: 소명과 적응성의 미학

진로 컨설팅의 패러다임은 이제 "적절한 직업(Job)을 찾아주는 매칭"을 넘어, "개인의 삶에서 일의 의미를 발견하고 소명(Calling)을 설계하는 과정"으로 완전히 전환되었다. 과거의 진로 상담이 표준화된 적성검사 결과에 의존하여 특정 직무에 내담자를 끼워 맞추는 정적인 '매칭(Matching)' 중심이었다면, 기술 혁명으로 인해 직업의 생성과 소멸이 가속화되는 AI 시대의 진로 컨설팅은 동적이고 유연해야 한다.

이제 컨설턴트의 핵심 과업은 내담자가 예측 불가능한 환경 변화 속에서도 스스로 자신의 커리어를 구축해 나가는 '커리어 적응성(Career Adaptability)'과 '커리어 구성 역량(Career Construction Capability)'을 함양하도록 돕는 데 있다. 본 절에서는 전 생애에 걸친 진로 발달 단계별 컨설팅 전략과 공공 고용 서비스의 혁신 방안을 고찰한다.

1. 생애 주기별 진로 컨설팅 전략: 발달 단계의 다차원적 접근

진로 문제는 발달 단계에 따라 그 심리적 역동과 사회적 요구가 판이하다. 컨설턴트는 내담자의 과거 경험과 현재의 결핍, 그리고 미래의 가능성을 연결하는 생애 주기별 차별화 전략을 구사해야 한다.

1) 청소년기: 진학(Education)을 넘어 진로(Career)의 토대 마련

- 시대적 이슈: 고교학점제의 전면 도입으로 청소년들은 이른 시기에 자신의 과목을 스스로 선택해야 하는 자기결정권을 부여받았다. 그러나 대다수의 학생은 자신의 흥미와 적성을 심층적으로 탐색할 기회를 갖지 못한 채 선택의 혼란을 겪고 있다.
- 컨설팅 전략 및 자기 이해: 홀랜드(Holland)의 인성 이론이나 가드너(Gardner)의 다중지능 이론을 활용하여 내담자의 내면적 특성을 과학적으로 진단한다. 단순히 검사 결과지를 읽어주는 데 그치지 않고, 학생이 자신의 강점 지능을 인식하고 이를 기

반으로 교과목과 진로를 연결하는 '자기 개념(Self-concept)' 형성을 지원한다.

- 진로 탐색의 실제화: 교실 내부의 상담에 머물지 않고, 지역 사회의 다양한 일터와 연계한 실질적인 '직업 생태계 체험'을 설계함으로써 추상적인 꿈을 구체적인 경로(D3 - 구체적 차원)로 치환한다.

2) 청년 및 대학생기: 스펙(Spec)의 축적에서 역량(Competency)의 증명으로

- 시대적 이슈: 고스펙 평준화 시대에도 불구하고 기업은 여전히 '현장에 즉시 투입 가능한 인재'의 부족을 호소한다. 청년들은 맹목적인 정량적 스펙 쌓기에 매몰되어 정작 비즈니스 현장에서 요구하는 핵심 역량과는 괴리된 상태에 놓여 있다.
- 컨설팅 전략 및 역량 정렬: 국가직무능력표준(NCS)을 기반으로 희망 직무에 필요한 K(지식), S(기술), A(태도)를 정밀 분석한다. 내담자의 학창 시절 경험(E)을 직무 역량과 연결하여 독창적인 서사로 풀어내는 '역량 기반 스토리텔링' 코칭을 실시한다.
- 디지털 채용 대응력 강화: AI 역량 검사와 비대면 면접 등 진화하는 채용 기술에 대응할 수 있도록 기술적 튜토리얼을 제공하고, 내담자의 강점이 데이터상에서 어떻게 표출될 수 있을지를 전략적으로 컨설팅한다.

3) 중장년 및 퇴직기: 단절이 아닌 전이와 새로운 시작(New Beginning)

- 시대적 이슈: 100세 시대의 도래로 은퇴는 더 이상 사회적 퇴장이 아니라 '인생 2막'의 시작을 의미한다. 그러나 준비 없는 퇴직은 정체성 상실과 경제적 불안이라는 심각한 심리적 위기를 초래한다.
- 컨설팅 전략 및 생애 재설계: 슐로스버그(Schlossberg)의 전환 이론을 적용하여 내담자가 처한 위기 상황을 기회로 재정의(PR)한다. 단순한 재취업 알선을 넘어 창업, 귀농, 사회공헌 활동 등 내담자의 가치관에 부합하는 다양한 경로를 제안하는 '전직 지원(Outplacement) 서비스'를 고도화한다. 재무적 안정성(Financial)과 심리적 회복탄력성(Psychological)을 입체적으로 지원하는 통합적 컨설팅을 수행한다.

2. 공공 고용 서비스 및 기관 운영 컨설팅

고용노동부의 고용복지+센터나 지자체 일자리센터 등 공공 영역의 컨설팅은 대국민 복지의 질을 결정짓는 중대한 과업이다. 공공 기관의 서비스 표준화와 효율화는 국가적 차원의 인적 자원 배분 최적화와 직결된다.

1) 상담 프로세스의 표준화와 질적 제고

- 문제 진단: 공공 상담 서비스의 고질적인 문제는 상담사 개별 역량에 따른 서비스 품질의 불균형이다.
- 컨설팅 솔루션: 상담 과정을 [초기 상담 – 심층 진단 – IAP(개인별 취업활동계획) 수립 – 취업 알선 – 사후 관리]로 이어지는 표준 운영 절차(SOP)로 정립한다. 이를 통해 서비스의 상향 평준화를 도모하고 상담의 연속성을 확보한다.

2) 구인–구직 미스매치(Mismatch) 해소를 위한 브릿지 전략

- 구조적 불일치의 해결: 대기업 선호 현상과 중소기업의 인력난이 공존하는 미스매치 상황을 해결하기 위해 '정보의 비대칭성'을 제거한다.
- 강소기업 발굴 및 가치 변환: 지역 내 우수한 기술력을 보유한 '숨은 강소기업'을 발굴하여, 이들의 기업 가치를 구직자의 눈높이에 맞춘 '매력적인 직무 서사'로 가공하여 제공한다. 이는 기업 분석(Company Analysis) 정보를 교육공학적 메시지로 변환하여 구직자의 인식(Pattern P)을 변화시키는 고도의 컨설팅 작업이다.

3. 진로 이론의 전략적 적용: 계획된 우연 (Planned Happenstance)

존 크럼볼츠(John Krumboltz)의 '계획된 우연' 이론은 현대 진로 컨설팅이 견지해야 할 가장 강력한 철학적 토대이다. 연구 결과에 따르면 성공적인 커리어 형성의 약 80%는 예기치 못한 우연한 사건에서 비롯된다.

- 컨설팅의 핵심 메시지: 컨설턴트는 내담자에게 완벽한 계획에 집착하여 행동을 멈추지 말 것을 강조해야 한다. 대신, 우연을 기회로 전환할 수 있는 5가지 핵심 기술(호

기심, 인내심, 유연성, 낙관성, 위험 감수)을 기르도록 돕는다.

- 탐색적 행동(Exploration)의 장려: 내담자가 실패를 두려워하지 않고 다양한 사회적 상호작용과 실험적 시도를 지속하도록 격려한다. 이는 시도 그 자체를 성장의 데이터로 축적하게 만드는 과정이다.

Prof's Insight. 지도가 아니라 나침반을 주십시오.

과거의 진로 설계는 명확하게 그려진 '지도(Map)'를 따라가는 과정이었습니다. "열심히 공부해서 좋은 대학에 가고, 대기업에 입사하여 정년까지 일하라"는 지도는 오랫동안 안전한 가이드라인이 되어 주었습니다.

하지만 지금 우리가 마주한 AI 시대의 지형은 매일 그 형태가 바뀌는 유동적 공간입니다. 어제의 큰길이 갑자기 사라지고(직업 소멸), 존재하지 않던 새로운 길이 순식간에 나타납니다. 이런 상황에서 낡은 지도는 내담자를 더 깊은 조난의 구렁텅이로 몰아넣을 뿐입니다.

컨설턴트 여러분, 이제 내담자에게 고정된 지도를 쥐여주려 애쓰지 마십시오. 대신 그들의 심장 깊은 곳에 어떠한 풍랑 속에서도 북극성을 가리키는 '나침반(Compass)'을 심어주어야 합니다.

"나는 무엇을 할 때 진정으로 몰입하는가?", "나는 어떠한 가치를 위해 나의 에너지를 쓰고 싶은가?"

이 내면의 나침반이 살아있다면, 내담자는 지도가 없는 거친 바다 위에서도 길을 잃지 않고 자신만의 독창적인 항해를 계속해 나갈 수 있을 것입니다. 지도는 목적지를 알려주지만, 나침반은 방향을 잃지 않게 합니다. 진로 컨설턴트의 소명은 바로 그 나침반의 바늘이 자유롭게 움직일 수 있도록 돕는 일임을 잊지 말아야 합니다.

제4절. [Case Study] 공공기관 및 대학 컨설팅 실무 사례 분석

공공기관 및 대학을 대상으로 하는 컨설팅은 영리 기업의 컨설팅보다 훨씬 긴 호흡과 고도의 정밀한 이해관계 조정을 요구한다. 이는 단순한 이윤 추구를 넘어 지자체장, 대학 총장, 교수 평의회, 지역 주민, 그리고 학생이라는 다층적인 이해관계자들의 욕구를 조율해야 하기 때문이다. 특히 '지역 소멸'이라는 거대한 시대적 파고에 맞서 지역 사회를 지탱하는 방파제를 쌓는 일인 만큼, 컨설턴트에게는 정교한 전략과 더불어 공동체에 대한 깊은 애정이 요구된다. 여기, 위기를 혁신의 기회로 전환한 두 가지 상징적인 사례를 통해 공공 컨설팅의 실무적 정수를 고찰한다.

Case 1. [대학 혁신] 지방 사립 D대학의 체질 개선: "상아탑에서 지역의 광장으로"

⊙ 위기 상황 (Context) 및 한계 지점

지방 소재 사립 D대학은 학령인구 감소의 직격탄을 맞으며 신입생 충원율이 75% 수준까지 급락하였다. 이는 재정지원제한대학 지정이라는 존립의 위기로 이어졌으며, 설상가상으로 지역 주민들은 대학을 "지역사회와 소통하지 않는 고립된 섬(Island)"으로 인식하며 냉소적인 태도를 보였다. 초기 대응으로 대학 측은 10억 원의 홍보비를 추가 투입하여 수도권 학생 유치에 사활을 걸었으나, 이는 오히려 입학 후 이탈하는 중도 탈락률만 높이는 악순환을 초래하였다.

⊙ 컨설턴트의 진단 및 솔루션 (Diagnosis & Solution)

컨설턴트는 "학령인구(19세)라는 단일 타겟에만 매몰되는 것은 조직적 자살행위"라고 진단하였다. 대학의 생존 전략을 '수도권과의 경쟁'이 아닌 '지역과의 밀착'으로 재설정하였다.

- 타겟 시프트(Target Shift) 및 블루오션 창출: 입학 자원의 대상을 수도권 고교생에서 지역의 '성인 학습자(30~60대)'로 180도 전환하였다. 100세 시대의 전 생애 주기 학습 수요를 대학의 새로운 성장 동력으로 정의한 것이다.
- 수요자 중심의 학사 구조 개편: 취업률이 낮고 경쟁력이 약화된 인문/사회 계열의 정원을 과감히 조정하고, 지역의 특산물을 활용한 '스마트 헬스케어 학과'나 은퇴 설계를 돕는 '부동산 재테크 학과' 등 실무형 학과를 신설하였다. 또한 직장인을 배려한 주말 및 야간 수업 비중을 대폭 확대하였다.
- 캠퍼스 개방 및 로컬 소셜 허브(Social Hub) 전략: 대학의 정문을 허물고 도서관, 체육관 등 주요 시설을 주민들에게 전면 개방하였다. 대학을 단순히 학위를 따는 곳이 아니라 주민들이 모여 소통하는 '지역의 광장'으로 재정의하였다.
- 지자체 협력 거버넌스(RISE 대응) 강화: 시청과 공동으로 '지역 정주형 장학금' 제도를 설계하였다. 이는 대학 졸업 후 지역 기업에 취업하여 정착할 경우 등록금 전액을 지원하는 모델로, 대학과 지자체의 수평적 정렬(Alignment)을 달성하였다.

⊙ 결과 (Outcome)
- 지표의 수직 상승: 성인 학습자 전형의 경쟁률이 3:1을 기록하며 신입생 충원율 100%를 달성하였다.
- 조직적 평판의 반전: "우리 지역의 대학"이라는 인식이 확산되면서 지자체의 각종 위탁 사업 선정률이 높아졌고, 재정적 안정성과 교육적 활력을 동시에 회복하는 쾌거를 거두었다.

Case 2. [지자체 컨설팅] S시의 도시 재생형 평생학습: "녹슨 공장에서 피어난 학습의 꽃"

⊙ 위기 상황 (Context) 및 구조적 결함

과거 제조업의 중심지였던 S시는 주요 공장들이 이전하면서 급격한 도시 쇠퇴와 실업률 증가라는 난제에 봉착하였다. 특히 중장년층의 우울감이 확산되고 있었으나, 시에서 운영

하는 평생학습 프로그램은 노래교실이나 요가 등 단순한 여가 선용 위주의 '시간 때우기용'
에 불과하였다. 시청 관계자들은 "시민들의 정서를 달래기 위해 힐링 인문학 강좌를 대폭
늘려달라"는 소극적인 요구를 전달하였다.

⊙ 컨설턴트의 진단 및 솔루션 (Diagnosis & Solution)

컨설턴트는 현재 시민들에게 필요한 것은 일시적인 위로가 아니라 '생산적 자존감의 회
복'이라고 판단하였다. 평생학습을 '복지'가 아닌 '재취업 및 창업 인큐베이팅'으로 재정의
하였다.

- 공간 혁신(Space Innovation)과 리빙랩: 도심에 방치된 폐공장을 리모델링하여 '시
  민 메이커 스페이스(Maker Space)'로 탈바꿈시켰다. 이곳은 학습과 제작, 그리고 창
  업이 동시에 일어나는 도시 재생의 거점이 되었다.
- 유휴 인적 자원의 전략적 자산화: 공원에 머물던 은퇴 기술자(용접, 목공 명장 등)들
  을 발굴하여 '마을 기술 강사'로 위촉하였다. 이들의 숙련된 기술(K, S)을 사장시키
  지 않고 지역의 유산으로 전환한 것이다.
- 세대 통합형 리빙랩 프로젝트: 은퇴 기술자들이 청년들에게 실전 기술을 전수하고,
  함께 낡은 가구를 수리하여 저소득층에 기부하거나 판매하는 '공동체 리빙랩'을 가동
  하였다. 이는 학습이 곧 나눔과 일자리로 이어지는 고도의 선순환 구조를 형성하였
  다.

⊙ 결과 (Outcome)

- 경제적 가치 창출: 학습 동아리들이 '마을 기업'으로 발전하여 5개의 협동조합이 창
  업되는 실질적인 경제적 성과를 냈다.
- 도시 브랜드 제고: 쇠락해가던 도시에 다시 활기찬 망치질 소리가 들리기 시작했으
  며, 이러한 성과를 인정받아 유네스코(UNESCO) 글로벌 학습도시(GNLC)로 선정되
  는 영예를 안았다.

우리는 기업 컨설팅에서 흔히 투자 대비 성과를 뜻하는 ROI(Return On Investment)를 최우선 지표로 삼습니다. 매출이 얼마나 올랐고, 비용을 얼마나 절감했는지가 컨설팅의 성적표가 됩니다. 하지만 공공과 대학 컨설팅의 세계에서 우리가 추구해야 할 가치는 숫자를 넘어선 '사람의 표정'과 '공동체의 온기'여야 합니다.

폐교 직전의 대학 강의실이 밤늦게까지 불을 밝히고, 배움의 기회를 놓쳤던 만학도들이 설레는 표정으로 책장을 넘길 때 느끼는 전율은 그 무엇과도 바꿀 수 없습니다. 실직 후 사회적 쓸모를 고민하며 고개 숙였던 한 가장이 '마을 선생님'이라는 명찰을 달고 아이들에게 자신의 기술을 전수하며 환하게 웃을 때, 우리는 컨설팅의 진정한 승리를 목격하게 됩니다.

저는 이것을 ROI(Return On Influence, 영향력 수익률)라고 부르고 싶습니다. 우리의 전략 한 줄이 쇠락해가는 도시를 살리고, 누군가의 인생 2막을 열어주는 거대한 물결이 될 수 있다는 사실을 기억하십시오. 공공 컨설팅은 단순한 비즈니스가 아니라, 한 사회의 내일을 설계하는 '묵직한 사명감'의 실천입니다. 이 뜨거운 가슴을 품고 현장에 나설 때, 비로소 세상을 바꾸는 컨설팅이 시작됩니다.

Workbook 11-1. 평생학습 프로그램 전략적 포트폴리오 매트릭스

⊙ 목표

지자체의 한정된 예산을 단순 소비형 취미 강좌에서 지역 발전의 동력이 되는 전략적 프로그램으로 재편하는 우선순위 설정 역량을 습득한다.

1) 매트릭스 구성 요소 (2x2 Matrix Analysis)

- X축 (사회적/경제적 가치): 개인의 단순한 즐거움을 넘어 지역 공동체의 문제 해결이나 일자리 창출에 기여하는 정도.
- Y축 (역량 개발의 지속성): 일회성 체험에 그치지 않고, 학습자가 숙련가나 마을 강사로 성장할 수 있는 체계적인 커리큘럼 보유 여부.

2) 실습 가이드 (Activity Step)

- Step 1: 현재 지자체에서 운영 중인 강좌(예: 노래교실, 바둑교실 등)를 매트릭스 상에 배치하고 그 이유를 기술한다.
- Step 2: 사회적 가치가 높고 역량 개발이 지속적인 우상단(Quadrant I) 영역에 배치될 신규 아이디어를 도출한다.
- 예시: [은퇴 기술자 기반의 집수리 리빙랩], [로컬 크리에이터 양성 과정]
- Step 3: 기존의 저가치/단발성 강좌를 어떻게 전략적 강좌로 전환(Pivot)할 것인지 그 연결 고리(CC 공식 적용)를 제안한다.

Workbook 11-2. 대학 학사 구조개혁 및 융합 리모델링 캔버스

◉ 목표

학령인구 감소로 인해 폐과 위기에 처한 기초 학문을 미래 산업 수요 및 대학의 특성화 전략과 결합하여 생존 가능한 모델로 재설계한다.

◆ 〈표11-1〉 융합 리모델링 설계 캔버스

분석 항목	세부 내용 및 아이디어 (학생 작성)
대상 학과	폐과 또는 통폐합 위기에 처한 기츠 학문 학과 (예: 철학과, 동양언어학과)
핵심 역량	해당 학문이 보유한 본질적 가치 및 전이 가능한 역량 (예: 비판적 사고, 서사 분석력)
결합 기술	융합할 미래 유망 기술 또는 지역 전략 산업 (예: 생성형 AI, 실버 헬스케어)
문제 재정의 (PR)	"철학은 죽은 학문이다" → "철학은 AI의 윤리적 가이드라인을 세우는 핵심 기술이다"
뉴 커리큘럼	1. [인공지능 윤리와 법], 2. [데이터 서사학], 3. [디지털 휴머니즘 세미나]

기대 효과	신입생 충원율 변화 및 지역 기업으로의 진출 가능성 서술

Workbook 11-3. NCS 기반 경험-역량 스토리텔링 보드

⊙ 목표

내담자가 단순한 스펙 나열에서 벗어나, 자신의 삶의 경험을 국가직무능력표준(NCS)의 관점에서 분석하고 직무 역량으로 승화시키는 서사력을 기른다.

- Step 1 (경험 구체화): 자신이 경험한 아르바이트, 동아리, 봉사활동 중 가장 몰입했던 사건 하나를 선정하여 상세히 기술한다.
- Step 2 (역량 분해 – K/S/A): 해당 경험에서 발휘된 지식(K), 기술(S), 태도(A)를 분해한다.
- 예: [편의점 아르바이트] → 재고 관리 지식(K), 고객 응대 스킬(S), 성실함과 정직함(A)
- Step 3 (나침반 문장 완성): "저는 [특정 경험] 과정에서 발생하는 [문제 상황]을 [보유 역량]을 발휘하여 해결하였으며, 이러한 역량은 [희망 기업/직무]의 [구체적 과업]을 성공적으로 수행하는 밑거름이 될 것입니다."

심화 토론

| 주제 1. "효율성인가, 학문의 다양성인가?" (대학 구조개혁의 딜레마)

⊙ 배경

대학 혁신 컨설팅의 과정에서 취업률과 충원율이라는 냉정한 지표는 기초 학문의 폐지를 강요하곤 한다. 이는 '백화점식 대학' 탈피라는 효율성 측면에서는 정당화되나, 인류 지성의 토대인 순수 학문 붕괴라는 비판에서 자유로울 수 없다.

◉ 질문

당신이 대학 혁신 컨설턴트라면, 취업률 10%대의 '철학과' 폐지 안건에 대해 어떠한 논리로 접근하겠는가? 단순히 폐지하거나 유지하는 이분법적 사고를 넘어, 기초 학문의 가치를 보존하면서도 대학의 생존 지표를 개선할 수 있는 '제3의 길(혁신적 솔루션)'은 무엇인가?

주제 2. "보이는 건물(Hardware) vs 보이지 않는 사람(Software)" (지자체장의 욕망)

◉ 배경

지자체장은 차기 선거를 고려하여 임기 내 눈에 보이는 거대 도서관이나 문화센터 건립을 선호하는 경향이 크다. 그러나 평생교육 컨설턴트는 건물이 아닌 프로그램과 사람(사회적 자본)에 투자하는 것이 지속 가능하다고 조언해야 한다.

◉ 질문

선거를 앞둔 시장이 "건물 없는 평생교육은 시민들에게 생색이 나지 않는다"며 소프트웨어 중심 제안을 거부하고 있다. 이 시장의 정치적 욕구와 지역의 교육적 필요를 동시에 만족시킬 수 있는 당신만의 '결정적 한 마디'와 전략적 논리는 무엇인가? (힌트: ROI - 영향력 수익률 활용)

주제 3. "직업 알선인가, 삶의 재설계인가?" (공공 고용 서비스의 한계)

◉ 배경

공공기관의 취업 상담은 성과 지표(단기 취업 건수)에 쫓겨 단순한 '일자리 매칭'으로 흐르기 쉽다. 그러나 진정한 진로 컨설팅은 변화하는 환경에 대응하는 '커리어 적응성'을 길러주는 것이어야 한다.

⊙ 질문

당장 생계가 시급한 구직자에게 '소명'이나 '적응성'이라는 단어는 공허하게 들릴 수 있다. 컨설턴트로서 '현실적인 취업 성공'이라는 단기 과제와 '생애 주기별 진로 설계'라는 장기 과제 사이에서 어떠한 프로세스적 정렬(Alignment)을 제안하겠는가?

제5부

—

교육 컨설팅의 평가와 미래

제12장 컨설팅 효과성 평가

제1절. 커크패트릭의 4수준 평가 모형의 적용과 한계

컨설팅의 마지막 단계는 단순히 산출물을 납품하고 종료하는 것이 아니라, 프로젝트의 가치를 과학적으로 입증하는 '평가(Evaluation)'의 단계여야 한다. 평가는 컨설턴트에게는 자신의 개입이 정답이었는지를 확인하는 피드백의 과정이며, 고객사에게는 변화의 동력을 확인하는 성찰의 계기가 된다.

교육공학 분야의 평가 모델 중 가장 널리 통용되는 도널드 커크패트릭(Donald Kirkpatrick)의 4수준 평가 모형은 컨설턴트가 다각도에서 성과를 입증할 수 있는 강력한 프레임워크를 제공한다.

1. 커크패트릭의 4수준 평가 단계별 심화 적용 전략

대부분의 컨설팅 현장에서는 1수준(반응) 평가에 머무는 경향이 짙다. 그러나 컨설턴트의 전문적 가치와 브랜드 권위는 3수준(행동)과 4수준(결과)의 인과관계를 증명해낼 때 비로소 확립된다.

⊙ Level 1. 반응 평가 (Reaction): "교육이 만족스러웠는가?"

- 개념: 교육 훈련 직후 학습자가 느낀 만족도와 흥미도를 측정한다.
- 측정 요소: 강사의 전문성, 콘텐츠의 현업 관련성, 교육 환경 및 운영의 매끄러움 등.
- 비판적 시각: 단순히 "즐거웠다"는 식의 결과는 실제 역량 향상을 보장하지 않기에

이를 소위 '스마일 시트(Smile Sheet)'라그 폄하하기도 한다.

- 컨설팅 팁: 만족도 문항에 단순 호감도가 아닌 '인지된 유용성(Perceived Usefulness)'을 반드시 측정해야 한다. "이 교육이 귀하의 실제 업무 난제를 해결하는 데 구체적으로 기여할 것이라고 믿습니까?"라는 질문이 1수준 평가의 질을 결정한다.

⊙ Level 2. 학습 평가 (Learning): "지식과 기술을 습득했는가?"

- 개념: 교육을 통해 의도한 지식, 기술, 태도의 변화가 학습자의 인지 구조 내에 형성되었는지를 확인한다..
- 측정 방법: 지필 고사(Test), 퀴즈, 실습 시연(Rcle-play), 시뮬레이션.
- 컨설팅 팁: 반드시 사전-사후(Pre-Post) 평가를 실시해야 한다. "교육 전 40점이었던 평균 점수가 교육 후 85점으로 45점 상승했습니다"라는 데이터는 고객을 설득하는 강력한 근거가 된다.

⊙ Level 3. 행동 평가 (Behavior): "현업에서 적용하고 있는가?"

- 개념: 학습된 내용이 실제 업무 현장에서 실천적 행위로 나타나는지를 측정한다. 이를 교육공학에서는 '전이(Transfer)'라고 부른다.
- 측정 시기: 행동이 습관으로 고착화되는 임계점인 교육 종료 후 3개월에서 6개월 사이에 실시한다.
- 측정 방법: 360도 다면 평가를 통해 상사와 동료로부터 행동의 변화를 교차 검증하거나, 현업 적용 성공 사례(Best Practice)를 수집하여 정성적 데이터를 확보한다. 이는 학습자가 이전과는 다른 '고성과 패턴'을 보이고 있는지를 추적하는 과정이다.

⊙ Level 4. 결과 평가 (Results): "경영 성과에 기여했는가?"

- 개념: 교육 훈련이 조직의 근본적인 경영 지표와 성과에 어떠한 영향을 미쳤는지를 입증한다.

- 지표의 설정: 매출 증가율, 비용 절감액, 불량률 감소, 고객 만족도(NPS) 점수 상승 등 비즈니스 KPI와의 상관관계를 도출한다.
- 컨설팅 팁: 성과에는 교육 외에도 시장 상황, 정책 변화 등 무수한 변수가 작용한다. 따라서 "교육만이 성과를 냈다"는 과장보다는, "교육이 성과 향상의 결정적 레버리지 포인트로 작용했다"는 논리적 타당성을 확보하는 데 주력해야 한다.

2. 4수준 모형의 한계와 보완: ROE (Return on Expectations)

커크패트릭 모형은 논리적으로 완벽하지만, 현업에서는 3, 4수준을 측정하기 위해 과도한 시간과 비용이 소모된다는 현실적 제약이 존재한다. 또한 성과가 나타난 후 측정하는 사후적 성격이 강하다. 이를 보완하기 위해 등장한 개념이 바로 ROE(Return on Expectations, 기대 효과)이다.

1) 결과(Result) 중심에서 기대(Expectation) 중심의 패러다임 전환

ROE는 평가를 프로젝트의 종착역이 아닌, 출발역으로 상정한다. 즉, 평가 설계를 프로젝트 시작 단계에서 경영진과의 합의를 통해 확정하는 방식이다.

2) ROE 프로세스의 전략적 정렬 (Alignment)

- 기대치의 구체화: 경영진과의 인터뷰를 통해 모호한 요구(예: "우리 직원들 정신 좀 차리게 해주세요")를 측정 가능한 기대치(예: "영업 사원들의 주간 고객 방문 횟수 3회 증대")로 전환한다.
- 성공 지표의 합의: 이 기대치를 프로젝트의 성공 기준으로 사전 합의한다.
- 증거 기반 보고: 프로젝트 종료 후, 복잡한 통계적 ROI 계산 없이도 사전에 합의된 기대치가 충족되었음을 증명함으로써 경영진의 심리적 만족과 전략적 신뢰를 동시에 확보할 수 있다.

많은 컨설턴트들이 1수준 만족도 조사 결과만 서둘러 갈무리하고 프로젝트 현장을 떠나곤 합니다. 혹여나 시간이 흐른 뒤 3수준 행동 평가를 진행했다가 "교육을 받아도 변한게 하나도 없다"는 냉담한 피드백을 마주하게 될까 봐 두렵기 때문입니다.

하지만 진정한 교육 전문가이자 명의(名醫)는 수술대 위에서의 성공뿐만 아니라, 환자가 일상으로 돌아가 얼마나 건강하게 회복했는지를 끝까지 관찰하고 책임지는 사람입니다. 설령 평가 결과가 기대에 미치지 못하더라도, 컨설턴트는 그 데이터를 겸허히 직면해야 합니다.

"왜 현업으로의 전이가 일어나지 않았는가?"를 분석하고, 조직의 시스템적 장애물을 찾아내어 사후 관리(AS)를 제안하는 태도. 바로 그 용기 있는 진정성이 여러분을 일회성강사가 아닌, 고객의 운명을 함께 고민하는 '전략적 파트너'로 만들어줄 것입니다.

평가는 단순히 점수를 매기는 '심판'이 아닙니다. 더 나은 솔루션을 위해 학습(L)하고 경험(E)하며 성찰(R)하는 '진화의 피드백'임을 명심하십시오. 성적표를 당당히 마주할 때, 컨설턴트로서의 여러분의 위상은 비로소 완성됩니다.

제2절. ROI(투자수익률) 분석과 ROE(기대효과) 산출법

"이번 교육 컨설팅에 1억 원을 투자했는데, 우리 회사는 실질적으로 얼마의 이익을 얻었는가?"

이 질문에 논리적으로 답하지 못하는 컨설턴트의 제안은 경영 위기 시 가장 먼저 삭감되는 '비용'으로 취급받게 된다. 잭 필립스(Jack Phillips)는 커크패트릭의 4수준 평가를 넘어, 교육의 경제적 가치를 정밀하게 측정하는 제5수준(Level 5)인 ROI(Return On Investment) 평가 방법론을 체계화하였다. 본 절에서는 교육의 가치를 숫자로 증명하는 ROI 분석법과, 그 실무적 대안으로 각광받는 ROE 산출법을 다룬다.

1. ROI(Return On Investment) 분석: 교육의 가치를 화폐화하라

ROI는 투입된 비용 대비 프로젝트가 창출한 순이익의 비율을 백분율로 나타낸 지표이다. 이는 컨설팅의 결과가 조직의 재무적 성과에 얼마나 기여했는지를 보여주는 가장 직접적인 증거가 된다.

1) ROI 산출 공식

교육 컨설팅의 경제적 타당성을 검토하기 위한 기본적인 산식은 다음과 같다.

$$ROI(\%) = \frac{\text{프로그램 순이익}}{\text{프로그램 총 비용}} \times 100$$

여기서 프로그램 순이익은 교육을 통해 얻은 총 금전적 효익에서 투입된 총 비용을 차감한 금액을 의미한다.

2) 완전 비용(Fully Loaded Cost) 산출: 숨겨진 비용의 발굴

비용 산출 시 가장 흔히 범하는 실수는 강사료나 장소 임대료 등 눈에 보이는 직접비만

계산하는 것이다. 진정한 경영 파트너로 인정받기 위해서는 다음의 항목을 포함한 '완전 비용'을 제시해야 한다.

- 직접 비용: 강사료, 컨설팅 자문료, 교재 제작비, 교육장 대관료, 식대 및 숙박비 등.
- 간접 비용: 사내 교육 담당자의 기획 및 행정 시간 인건비, 마케팅 비용, 기타 소모품비.
- 기회비용(Opportunity Cost): 가장 핵심적인 항목이다. 교육생들이 업무 현장을 떠나 교육에 참여함으로써 발생한 '생산성 공백'을 임금으로 환산하여 포함해야 한다. (예: 연봉 6,000만 원인 팀장 10명이 3일간 교육을 받을 시, 약 80만 원×10명 = 800만 원의 급여 비용 발생)

3) 효익(Benefit) 산출: 데이터의 화폐 가치 전환

4수준(결과) 데이터를 돈으로 환산하는 과정이다. 잭 필립스는 이를 위해 다음의 단계를 제시한다.

- 표준가치 활용: 회사 내부에 축적된 객관적 데이터를 사용한다. 불량률 1% 감소가 폐기 비용 및 재작업 인건비 절감으로 이어지는 액수를 산출한다.
- 전문가 및 관리자 추정: 표준 데이터가 부재할 경우, 해당 직무 전문가나 부서장의 경험적 추정치를 활용한다. (예: 리더십 코칭을 통한 의사결정 속도 단축이 가져오는 시간당 가치 산정)

4) 효과의 분리 (Isolation): 교육의 기여도 규명

성과가 단순히 시장 경기의 호전이나 타 부서의 노력 덕분이 아니라, '진짜 교육 때문'임을 입증해야 한다.

- 대조군 비교 (Control Group): 교육을 받은 집단과 받지 않은 유사 집단의 성과 차이를 통계적으로 검증한다.
- 추세선 분석 (Trend Line): 교육 전 성과 추이를 그래프로 그려보고, 교육 직후 추세선을 벗어나 급격히 상승한 변동 폭을 교육의 효과로 간주한다.

2. ROE(Return on Expectations) 산출법: 실무적 대안

모든 프로젝트에 복잡한 ROI 분석을 적용하기에는 시간과 비용의 제약이 크다. 이에 대한 현실적 대안으로 등장한 것이 ROE(Return on Expectations, 기대효과)이다.

1) ROE의 철학

"돈(Money)" 대신 "증거(Evidence)" ROE는 화폐적 환산이 어려운 영역(리더십, 조직 문화 등)에서 경영진이 사전에 가졌던 '기대 사항'이 얼마나 충족되었는지를 정성적·정량적 증거로 입증하는 방식이다.

2) 전략적 ROE 프로세스 4단계

- 기대 사항 발굴 (Focus on Expectations): 프로젝트 착수 단계에서 경영진에게 "이 프로젝트의 성공을 증명할 구체적인 변화는 무엇입니까?"라고 묻고, 그들의 기대를 경청한다.
- 성공 지표 합의 (Select Indicators): 모호한 기대를 측정 가능한 지표로 재정의(PR)한다. (예: "직원들의 소통 강화" → "부서 간 협업 도구 활용 빈도 30% 증가")
- 기여도 확인 (Validate Contribution): 프로젝트 종료 후, 합의된 지표의 변화량을 데이터로 제시한다.
- 가치 보고 (Report Value): "대표님께서 처음에 우려하셨던 '부서 간 장벽'이 이번 액션 러닝을 통해 '협업 안건 15건 도출'이라는 결과로 해소되었습니다"라고 보고한다.

◆ 〈표 12-1〉 ROI와 ROE의 전략적 비교

구분	ROI (투자수익률)	ROE (기대효과)
핵심 질문	"이 교육으로 얼마를 벌었는가?"	"경영진의 기대가 충족되었는가?"
산출물	재무적 수치 ($ 또는 %)	성공 지표 달성 여부 및 사례 데이터
주요 장점	재무팀 및 경영진에 대한 강력한 설득력	신속한 피드백, 비재무적 가치 입증 용이
주요 단점	산출 과정이 매우 복잡하고 비용이 듦	분석가의 주관이 개입될 여지가 있음
추천 상황	대규모 직무 교육, 생산성 향상 프로젝트	리더십 교육, 조직 문화 개선, 신규 프로젝트

Prof's Insight. 숫자를 고문하지 마십시오.

통계학계에는 "데이터를 충분히 고문하면, 녀석은 당신이 원하는 자백을 할 것이다"라는 자조 섞인 농담이 있습니다. ROI 산출 과정에서 수치가 기대만큼 나오지 않을 때, 컨설턴트는 투입 비용을 누락하거나 효과를 부풀리고 싶은 강력한 유혹에 직면하게 됩니다.

하지만 기억하십시오. '조작된 ROI 500%'보다 '철저한 분석에 기반한 실패 원인 보고'가 장기적으로 컨설턴트의 권위를 높여줍니다. 경영진은 수많은 숫자를 다루는 전문가들입니다. 억지로 끼워 맞춘 숫자는 그들의 직관에 의해 금방 탄로 나게 마련입니다.

정량적 데이터(ROI)가 부족하다면, 현장의 생생한 변화를 담은 정성적 데이터(ROE)로 보완하십시오. 숫자는 때로 거짓을 말할 수 있지만, 현장에서 터져 나오는 구성원들의 긍정적인 변화는 결코 거짓말을 하지 않습니다. 정직한 데이터만이 컨설턴트와 고객사 사이의 깨지지 않는 '신뢰'라는 자산을 만들어줄 것입니다.

제3절. 설득력 있는 보고서 작성 및 최종 프레젠테이션 전략

교육 컨설팅 프로젝트의 실질적인 최종 산출물은 '변화된 조직과 구성원'이다. 그러나 이를 증명하고 변화의 지속성을 담보하는 물리적인 실체는 결국 '최종 보고서(Final Report)'로 귀결된다. 고객사는 이 보고서의 논리적 완결성을 통해 프로젝트의 투입 가치를 최종 판단하며, 컨설턴트가 현장을 떠난 후에도 이 문서를 이정표 삼아 변화의 여정을 지속한다.

따라서 컨설팅 보고서는 단순한 활동의 기록(Record)에 머물러서는 안 된다. 그것은 고객의 의사결정을 지원하고 구체적인 행동을 촉구하는 가장 강력한 '설득의 도구(Persuasive Tool)'이자, 조직의 미래를 설계하는 청사진이어야 한다.

1. 논리적 보고서의 구조: 바바라 민토의 피라미드 원칙

경영진의 시간은 지극히 한정적이며, 그들의 인지 자원은 핵심적인 의사결정에 집중되어 있다. 서론부터 본론을 거쳐 결론에 이르는 전통적인 '기승전결' 방식의 미괄식 보고는 경영진의 인내심을 시험하며, 핵심 논점에 도달하기 전에 논의의 흐름을 분산시킨다. 컨설팅 보고서의 핵심은 결론부터 제시하는 두괄식(BLUF: Bottom Line Up Front) 구조의 확립에 있다.

1) 피라미드 구조(Pyramid Structure)의 심화 적용

바바라 민토(Barbara Minto)가 제안한 피라미드 원칙은 복잡한 정보를 수직적 계층 구조로 정렬하여 논리적 명확성을 극대화한다.

- 핵심 메시지 (Key Message): 피라미드의 정점에 단 하나의 명확한 결론이나 권고안을 배치한다. (예: "지속 가능한 성장을 위해 직무 역량 중심의 '역량 기반 교육체계'를 전면 도입해야 한다.")

- 핵심 근거 (Key Arguments): 결론을 지탱하는 3~4가지의 핵심 이유를 MECE(Mutually Exclusive, Collectively Exhaustive: 상호 배타적이나 합하면 전체를 포괄함) 원칙에 따라 제시한다.
- 데이터 및 증거 (Data/Evidence): 각 근거를 뒷받침하는 구체적인 통계, 인터뷰 녹취록, 벤치마킹 사례 등 정량적·정성적 데이터를 피라미드의 하단에 배치한다.

2) Executive Summary(경영진 요약본)의 완결성

보고서의 서두에 배치되는 1~2장 분량의 요약본은 전체 프로젝트의 정수이다. 바쁜 의사결정권자가 본문을 상세히 읽지 않더라도 프로젝트의 배경, 진단 결과, 핵심 솔루션, 그리고 기대 효과를 한눈에 파악하여 즉각적인 의사결정을 내릴 수 있도록 독자적인 완결성을 갖추어야 한다.

2. 시각화(Visualization) 전략: 데이터에 시사점(Insight)을 입혀라

텍스트로 가득 찬 보고서나 복잡한 엑셀 표의 나열은 독자의 인지적 과부하를 초래한다. 컨설턴트의 역할은 원시 데이터(Raw Data)를 의미 있는 정보로 가공하고, 이를 다시 직관적인 '인사이트(Insight)'로 변환하여 시각적으로 전달하는 것이다.

1) 데이터 성격에 따른 차트의 전략적 선택

데이터가 가진 서사를 가장 효과적으로 전달할 수 있는 차트를 선택해야 한다.
- 추세 분석(Trend): 시간 경과에 따른 변화 양상을 보여줄 때는 꺾은선 그래프(Line Chart)가 적합하다.
- 비중 및 구조(Proportion): 전체에서 각 항목이 차지하는 비중을 강조할 때는 파이 차트(Pie Chart)나 폭포 차트(Waterfall Chart)를 활용한다.
- 비교 및 우열(Comparison): 항목 간의 수치적 차이를 극명하게 보여줄 때는 막대그래프(Bar Chart)가 가장 직관적이다.

2) 원 슬라이드, 원 메시지(One Slide, One Message) 원칙

한 장의 슬라이드에는 반드시 하나의 핵심 메시지만을 담아야 한다.

- 헤드라인의 전환: "A 부서와 B 부서의 만족도 비교"와 같은 단순 사실(Fact) 기술형 헤드라인을 지양한다. 대신 "A 부서의 직무 몰입도가 현저히 낮으므로 우선적인 조직문화 개입이 시급함"과 같이 데이터가 함의하는 시사점(So What?)을 전면에 내세워야 한다.

3. 최종 프레젠테이션(Final Presentation): 전략적 스토리텔링

보고서가 정적인 논리의 기록이라면, 프레젠테이션은 청중의 마음을 움직여 실행을 이끌어내는 역동적인 '쇼케이스(Showcase)'이다. 컨설턴트는 이 단계에서 냉철한 분석가를 넘어, 조직의 미래를 그리는 '스토리텔러(Storyteller)'로 변모해야 한다.

1) 오프닝과 클로징의 전략적 설계

- 오프닝(Opening): 단순히 목차를 읽는 지루한 시작을 버리고, 프로젝트의 절박함과 목적을 상기시킨다. "지난 100일간 우리는 우리 조직의 생존을 결정지을 핵심 DNA를 찾기 위해 현장의 목소리에 귀를 기울였습니다"와 같은 공감적 접근이 필요하다.
- 클로징(Closing): 단순한 요약이 아닌, 변화된 미래의 비전을 제시하며 감동과 확신을 주어야 한다.

2) 제언(Suggestion)의 구체성: 실행 가능한 액션 플랜(Action Plan)

경영진이 프레젠테이션 직후 바로 지시를 내릴 수 있을 만큼 제언은 구체적이어야 한다. "리더십 역량을 강화하십시오"라는 모호한 권고는 실천으로 이어지지 않는다.

- Bad: "팀장들의 코칭 역량 강화가 필요함."
- Good: "매주 금요일 오후 4시를 '성장 대화의 시간'으로 명문화하고, 본 컨설팅에서 개발한 '5단계 코칭 가이드'를 전사 팀장에게 배포하여 즉시 시행하십시오."

3) 질의응답(Q&A) 대응: 데이터 기반의 방어와 유연함

경영진의 날카로운 질문은 컨설팅 결과에 더한 비판이 아니라 변화를 향한 '진지한 관심'의 표현이다.

- 데이터 중심의 방어: 자신의 주관적 의견이 아닌, 보고서에 포함된 객관적 근거와 분석 데이터를 기반으로 답변하여 신뢰도를 유지한다.
- 전문가적 겸손: 미처 분석하지 못한 영역에 대한 질문에는 솔직하게 인정하되, 향후 보완 계획을 제시함으로써 전문가로서의 책임감을 보여준다.

Prof's Insight. 보고서는 '부검 리포트'가 아닙니다.

많은 컨설턴트가 저지르는 안타까운 실수 중 하나는 보고서를 "과거에 조직이 왜 이토록 병들었는가"만을 세밀하게 나열하는 '부검 리포트(Autopsy Report)'로 만드는 것입니다. 죽은 원인을 밝히는 것도 학술적으로는 의미가 있겠으나, 사경을 헤매는 조직을 맡긴 고객이 간절히 원하는 것은 죽음의 이유가 아니라 '다시 살아날 수 있는 방법'입니다.

훌륭한 교육 컨설팅 보고서는 조직의 내일을 향한 정교한 '처방전(Prescription)'이자, 고객사의 성장을 향한 열망을 담은 '연애편지'여야 합니다.

우리가 그들의 문제를 얼마나 치열하게 고민했는지, 그리고 그들이 가진 잠재력을 얼마나 깊이 신뢰하는지, 그 진심 어린 애정(Affection)이 행간과 도표 사이에서 묻어날 때 비로소 경영진의 마음은 움직입니다. 문제를 지적하여 상처를 주는 사람은 도처에 널려 있습니다. 그러나 대안을 제시하고 새로운 희망의 불씨를 지피는 사람은 극히 드뭅니다. 이 책을 읽는 독자들이 바로 그 '희망을 설계하는 드문 사람'이 되기를 간절히 소망합니다.

Workbook 12-1. ROE(기대효과) 전략적 정렬 합의서

⊙ 목표

경영진의 모호하고 주관적인 기대를 측정 가능하고 합의된 '성공 지표'로 전환하는 역량을 습득한다.

항목	상세 내용 및 작성 가이드 (학생 작성)
의사결정자	누구를 설득해야 하는가? (예: 대표이사, 인사전무, 영업본부장)
초기 요구사항	고객이 처음 던진 모호한 요구를 기록한다. (예: "우리 팀장들 스피릿 좀 살려주세요.")
심층 질문	PR 공식 적용: "팀장들의 기가 살았다는 것을 3개월 뒤 어떤 행동 변화를 통해 확인할 수 있을까요?"
기대치의 재정의	경영진이 진짜로 원하는 본질적 니즈를 도출한다. (예: 상시적 성과 피드백의 활성화)
성공 지표	합의된 구체적 지표를 설정한다. (예: 팀원들의 '직무 만족도' 15% 상승, '1on1 미팅' 월 2회 의무 시행 등)
증거 수집 방법	지표 달성을 어떻게 증명할 것인가? (예: 펄스 서베이 데이터, 면담 기록부 등)

Workbook 12-2. 경영진 보고를 위한 1-Page Executive Summary 작성

⊙ 목표

바바라 민토의 피라미드 원칙을 참고하여 바쁜 의사결정권자가 60초 이내에 핵심을 파악할 수 있는 고밀도 요약본을 작성한다.

⊙ 가이드라인

• 배경 (Context): 프로젝트가 시작된 절박한 배경과 해결해야 했던 핵심 난제를 기술한다.

• 핵심 제언 (Bottom Line): 전체 보고서를 관통하는 단 하나의 강력한 권고안을 두괄식으로 제시한다.

- 주요 발견 (Key Findings – MDA 적용):
- 과거–현재 분석: 기존 시스템의 비효율 데이터(D1).
- 미시–거시 분석: 개별 역량 부족과 조직 문화의 불일치(D5).
- 인과 분석: 왜 이 솔루션이 성과로 이어지는지에 대한 논리(D4).
- 기대 효과 (Benefit – ROI/ROE): 실행 시 얻게 될 재무적·비재무적 가치를 제시한다.
- 실행 계획 (Action Plan): '누가, 언제, 무엇을' 해야 하는지 3단계 이내로 명시한다.

심화 토론

│ 주제 1. "데이터 고문(Data Torturing)"과 컨설턴트의 직업 윤리

⊙ 배경

컨설팅의 성과가 경영진의 기대에 미치지 못할 때, 컨설턴트는 데이터를 유리하게 가공하거나(Outlier 제거 등) 정성적 사례만을 부각하고 싶은 유혹에 직면한다.

⊙ 토론 질문

- 1. 수주 압박이 강한 현실에서 '솔직한 실패 분석' 보고서를 제출하는 것이 과연 지속 가능한 비즈니스 모델인가?
- 2. 경영진에게 부정적인 ROI 수치를 보고해야 할 때, 컨설턴트가 신뢰를 잃지 않으면서도 문제를 직시하게 만드는 대안적 보고 전략은 무엇인가?
- 3. 데이터의 '포장'과 '왜곡'의 경계는 어디인가?

│ 주제 2. Kirkpatrick 모형의 현실적 적용과 예산의 딜레마

⊙ 배경

Level 3(행동) 및 Level 4(결과) 평가는 성과 증명에 필수적이지만, 이를 수행하기 위한 추적 조사 비용이 컨설팅 전체 예산보다 커지는 배보다 배꼽이 큰 상황이 발생하곤 한다.

⊙ 토론 질문

- 1. 총 예산이 500만 원인 소규모 워크숍 프로젝트에서 고객사가 '성과 증명'을 원한다면, 여러분은 어떠한 현실적인 평가 대안을 제시하겠는가?
- 2. '스마일 시트(만족도)'의 한계를 넘어서면서도 추가 비용이 거의 들지 않는 창의적 평가 기법(예: Post-test, 비형식적 관찰 등)은 무엇인가?

주제 3. 교육의 순수 효과 분리(Isolation)의 과학과 예술

⊙ 배경

성과 향상의 원인이 오직 '교육' 때문임을 입증하기 위해 대조군(Control Group)을 설정하는 것은 과학적이지만, 교육 기회로부터 소외된 집단을 만드는 윤리적 문제를 야기한다.

⊙ 토론 질문

- 1. 성과 향상에 기여한 여러 변수(경기 호황, 마케팅 강화 등) 중 교육의 몫을 발라내는 작업에서 학습자의 '주관적 기여도 추정'은 얼마나 신뢰할 수 있는가?
- 2. 교육의 성과를 '과학적 수치'로 입증하는 것과 '예술적 서사(스토리텔링)'로 설득하는 것 중 경영진의 의사결정에 더 강력한 영향을 미치는 것은 무엇인가? 그 균형점은 어디인가?

제13장 교육 컨설팅의 동향과 과제

제1절. 에듀테크(EduTech)와 데이터 기반 컨설팅

현대 경영학의 석학 에드워즈 데밍(W. Edwards Deming)은 "신을 제외한 모든 사람은 데이터를 가져와야 한다(In God we trust. All others must bring data)"라고 강조하였다. 이는 직관과 경험에 의존하던 의사결정의 시대가 종언을 고했음을 의미한다. 교육 컨설팅 현장 역시 컨설턴트의 개인적 경험론이나 권위에 의존하던 과거의 방식에서 벗어나, 디지털 기술을 통해 학습자의 행동을 정밀하게 진단하고 객관적 증거(Evidence)를 제시하는 '데이터 기반 컨설팅(Data-Driven Consulting)'으로 퍼러다임이 전환되고 있다.

1. AI와 초개인화(Hyper-personalization) 학습의 고도화

과거 산업화 시대의 교육이 표준화된 커리큘럼을 통해 규격화된 인재를 대량 생산하는 '공장 모델'이었다면, AI 시대의 교육은 학습자 개개인의 특성과 속도에 최적화된 '초개인화(Hyper-personalization) 교육'을 지향한다. 이는 벤저민 블룸(Benjamin Bloom)이 제기했던 '2-Sigma 문제(1:1 튜터링의 탁월한 효과성에도 불구하고 발생하는 비용과 규모의 경제 문제)'를 기술적으로 해결할 수 있는 유일한 대안으로 평가받는다.

1) 어댑티브 러닝(Adaptive Learning) 시스템의 교육학적 설계

AI가 학습자의 정답률, 응답 시간, 학습 패턴을 실시간으로 분석하여 최적의 학습 경로를 동적으로 구성하는 방식이다.

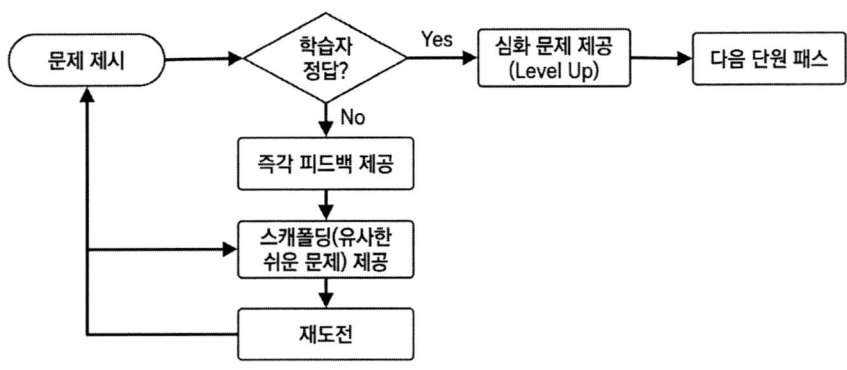

[그림 13-1] 어댑티브 러닝(Adaptive Learning) 알고리즘 예시

- 컨설팅의 핵심 과업: 컨설턴트는 단순한 솔루션 도입을 넘어, AI의 추천 알고리즘 저변에 흐르는 교육적 로직(Pedagogical Logic)을 설계해야 한다.
- 스캐폴딩(Scaffolding) 전략: 학습자가 오답을 제출했을 때 즉각적인 정답을 제시하는 '결과 피드백'에 그칠 것인지, 아니면 비고츠키(Vygotsky)의 근접발달영역(ZPD)을 고려하여 유사한 난이도의 하위 개념 문제를 제시하는 '비계 설정(Scaffolding)'을 수행할 것인지에 대한 정책적 결정이 필요하다. 이는 기술의 영역이 아닌 고도의 교육학적 전문성이 요구되는 컨설팅의 영역이다.

2) AI 튜터와 교사 역할의 재구조화(High-Touch High-Tech)

지능형 튜터링 시스템(ITS)이 지식 전달과 반복 훈련을 전담하게 함으로써, 인간 교사는 데이터 리포트를 바탕으로 학습자의 정서적 지지와 고차원적 문제 해결력을 촉진하는 '하이터치(High-Touch)' 활동에 집중하도록 조직의 직무 체계를 재설계하는 컨설팅을 수행한다.

2. 학습 분석학(Learning Analytics) 기반의 증거 중심 의사결정

학습 분석학은 학습자와 그들의 맥락에 관한 데이터를 측정, 수집, 분석, 보고함으로써 학습 성과와 학습 환경을 최적화하는 과정이다. 컨설턴트는 학습관리시스템(LMS)이나 디지털 교과서에 축적된 디지털 발자국(Digital Footprint)을 분석하여 고객에게 다음과 같은 4

단계의 고도화된 통찰을 제공해야 한다.

⊙ **[데이터 분석의 4단계 모델과 컨설팅 적용]**

- 기술 분석(Descriptive): "과거에 어떤 일이 일어났는가?" 학습자의 수료율, 평균 진도율 등 현상을 파악한다.
- 진단 분석(Diagnostic): "왜 그런 일이 발생했는가?" 문항 반응 이론(IRT) 등을 적용하여 특정 구간에서의 이탈 원인이나 학습 결손 지점을 규명한다.
- 예측 분석(Predictive): "미래에 어떤 일이 일어날 것인가?" 머신러닝 모델을 통해 현재의 학습 패턴이 지속될 경우 예상되는 중도 탈락 확률이나 최종 성취도를 예측한다.
- 처방 분석(Prescriptive): "최적의 결과를 위해 무엇을 해야 하는가?" 분석 결과를 바탕으로 학습자에게는 보충 자료를, 교수자에게는 개별 상담 알림을 발송하는 등 구체적인 개입 전략을 제시한다.

◆ **〈표 13-1〉 경험 기반 컨설팅과 데이터 기반 컨설팅의 비교**

구분	경험 기반 컨설팅	데이터 기반 컨설팅
진단 근거	주관적 관찰, 표적 집단 인터뷰 (FGI)	로그 데이터, 시선 추적(Eye-tracking), 뇌파
피드백의 질	"수업 구성이 다소 산만함" (추상적)	"동경상 7분 지점에서 주의력 40% 저하" (구체적)
개입의 시점	성과 미달 후 분석	문제 발생 전 이상 징후 포착
핵심 가치	컨설턴트의 직관과 명성	데이터의 객관성과 재현 가능성

3. 컨설턴트의 새로운 정체성: 데이터 통역사(Data Translator)

에듀테크의 홍수 속에서 컨설턴트는 스스로 개발자가 될 필요는 없으나, 공학적 알고리즘과 교육적 가치 사이의 간극을 메우는 '데이터 통역사(Data Translator)'이자 '알고리즘 아키텍트'가 되어야 한다.

- 데이터 리터러시(Data Literacy): 대시보드에 나타난 수치를 넘어, 데이터 이면에 숨겨진 학습자의 심리적 기제와 교수–학습의 역동을 읽어내는 능력이 필수적이다.
- 윤리적 알고리즘 설계: AI의 추천 방식이 편향되지는 않았는지, 학습자의 프라이버시가 보호되고 있는지 점검하고, 조직의 교육 철학이 알고리즘의 가중치에 올바르게 반영되도록 설계 방향을 제안해야 한다.

Prof's Insight. 내비게이션과 운전자

AI와 데이터는 교육 현장의 '내비게이션'과 같습니다. 실시간 교통 정보(학습 데이터)를 분석하여 막히지 않는 가장 빠른 길(개별화된 학습 경로)을 안내하고, 도착 예정 시간(예상 성취도)을 놀라울 정도로 정확하게 예측해 줍니다.

하지만 우리가 잊지 말아야 할 사실이 있습니다. 내비게이션이 아무리 정교해져도 "우리가 왜 이 목적지에 가야 하는가?(철학적 목적)"를 결정해주지는 못하며, "함께 차에 탄 동료들과 어떤 대화를 나누며 갈 것인가?(사회적 상호작용)"의 가치를 대신해주지도 않습니다.

데이터라는 강력한 내비게이션을 능숙하게 조작하십시오. 하지만 운전대를 잡고 최종적인 방향을 결정하는 주체는 차가운 알고리즘이 아니라, 따뜻한 통찰을 가진 '사람(컨설턴트)'이어야 합니다. 데이터에 매몰되어 사람의 얼굴을 잃어버리는 우를 범하지 마십시오. 데이터 너머에 숨겨진 학습자의 땀방울과 눈물을 읽어내는 안목, 그것이야말로 기술이 범접할 수 없는 컨설턴트만의 영역입니다.

제2절. ESG 경영 확산과 교육 컨설팅의 접목

현대 기업 경영의 패러다임은 단기적인 재무 성과인 '이윤(Profit)' 창출에서 사회적·생태적 책임을 포함하는 '지속가능성(Sustainability)'으로 급격히 이동하고 있다. ESG 경영은 이제 선택적 사회공헌 활동이 아닌, 글로벌 시장에서 생존하기 위한 필수 조건이자 기업의 비재무적 가치를 측정하는 핵심 척도가 되었다.

따라서 교육컨설턴트는 기업이 선언한 ESG 비전이 공허한 구호에 머물지 않도록, 이를 조직 구성원들의 가치관에 내재화하고 '매일의 행동'으로 표출될 수 있게 하는 정교한 교육적 솔루션을 설계해야 한다.

1. E (Environmental): 그린(Green) HRD와 생태적 감수성

환경(E) 영역의 교육은 단순히 쓰레기 분리배출을 장려하는 캠페인 차원을 넘어서야 한다. 기업의 비즈니스 밸류체인(Value Chain) 전 과정에서 탄소 배출을 억제하고 환경적 가치를 창출하는 '직무 행동의 근본적 변화'를 목표로 하는 '그린(Green) HRD' 컨설팅이 요구된다.

1) Green HRD 운영의 전략적 체계화

교육 운영 방식 자체를 친환경적으로 전환하여 조직의 진정성을 입증해야 한다.

- 디지털 전환을 통한 Paperless 연수: 수백 페이지에 달하는 제본 교재 대신 태블릿 PC와 클라우드 시스템을 활용하여 종이 자원 낭비를 원천적으로 차단한다.
- 탄소 발자국 최적화 설계: 대규모 집합 연수로 발생하는 이동 및 숙박의 탄소 배출량을 분석하고, 이를 메타버스 환경이나 고도화된 웨비나(Webinar)로 대체하여 환경 부하를 최소화하는 컨설팅을 수행한다.

2) 기후 리터러시(Climate Literacy)와 직무별 액션 러닝

- 비즈니스 리스크의 인식: 기후 위기가 우리 산업의 원자재 수급, 규제 대응, 소비자 인식에 어떠한 실존적 위협이 되는지를 학습하게 한다.
- 직무 밀착형 탄소 감축 실천: R&D 부서는 '에코 디자인 및 친환경 소재 발굴', 영업 부서는 '그린 워싱(Green Washing) 방지 마케팅' 등 각자의 직무 현장에서 실천할 수 있는 탄소 감축 아이디어를 도출하고 실행하는 액션 러닝(Action Learning) 모델을 도입한다.

2. S (Social): 다양성, 형평성, 포용성 (DEI) 기반의 조직 혁신

ESG의 'S(사회)' 영역은 인적 자원 개발(HRD)과 가장 밀접하게 연결되는 지점이다. 결국 기업의 사회적 가치는 '사람'을 대하는 방식과 '조직문화'의 수준에서 결정되기 때문이다. 최근 글로벌 시장에서 강조되는 DEI(Diversity, Equity, Inclusion) 가치는 이제 컨설팅의 핵심 주제로 부상하고 있다.

1) DEI(다양성 · 형평성 · 포용성) 교육 컨설팅의 심화

- 무의식적 편견(Unconscious Bias)의 해소: 특정 성별이나 세대에 대해 무의식적으로 작동하는 고정관념이 어떻게 조직의 의사결정을 왜곡하고 창의적 협업을 방해하는지를 자각하게 한다. 이는 심리학의 '인지적 부조화(Cognitive Dissonance)' 원리를 활용하여 기존의 편견을 해체하고 새로운 포용적 가치관을 정립하는 워크숍으로 전개된다.
- 심리적 안전감(Psychological Safety)의 문화적 정착: 에이미 에드먼드슨이 제시한 심리적 안전감을 조직 내에 구축하여, 구성원들이 보복이나 비난에 대한 두려움 없이 자신의 의견을 개진할 수 있는 리더십 코칭을 수행한다. 포용적인 문화는 집단지성을 극대화하는 촉매제가 된다.

2) 인적 자본 보호를 위한 인권 및 안전 교육의 고도화

- 실감형 안전 교육(Immersive Safety Training): 중대재해처벌법 등 법적 규제 대응을 넘어, VR/AR 기술을 활용한 실감형 시뮬레이션을 통해 사고 예방 역량을 체득하게 한다.
- 감수성 기반의 인권 경영: 직장 내 괴롭힘 방지 등 인권 관련 교육을 단순한 법령 암기가 아닌, 현실적인 딜레마 사례(Case Study)를 통한 토론 중심으로 설계하여 구성원의 인권 감수성 자체를 근본적으로 높인다.

3. G (Governance): 윤리 경영과 투명한 의사결정 메커니즘

'G(지배구조)' 교육의 본질은 단순히 법률을 지키는 '준법(Compliance)'의 경계를 넘어, 보편적 가치에 근거하여 올바른 판단을 내리는 '윤리(Ethics)'에 있다. 법적 규제가 미치지 않는 사각지대에서도 리더가 최선의 의사결정을 내릴 수 있는 역량을 배양하는 것이 핵심이다.

1) 딜레마 기반의 윤리적 의사결정 시뮬레이션

전통적인 "뇌물 수수 금지"식의 훈계형 교육은 더 이상 작동하지 않는다.
- 시나리오 기반 학습: "중요한 거래처와의 관계 유지와 사내 윤리 규정 준수 사이의 갈등"과 같이 정답이 모호한 딜레마 상황을 제시한다. 이를 회사의 핵심 가치와 윤리 강령이라는 나침반을 사용하여 해결해가는 과정을 훈련시킴으로써 실전적인 윤리적 판단력을 기른다.

2) 투명성(Transparency)과 거버넌스 리더십

- 정보 공유와 투명한 소통: 리더가 정보를 독점하거나 밀실에서 의사결정하지 않고, 그 과정과 근거를 구성원에게 투명하게 공유하는 '투명성 리더십'을 강화한다. 이는 조직 내 신뢰 자산을 구축하는 근간이 되며, 장기적으로 기업의 지배구조를 건전하게 만드는 리더십 파이프라인의 핵심 요소가 된다.

과거의 비즈니스 세계에서는 그저 돈을 많이 벌고 고용을 창출하는 곳이 '좋은 회사'로 칭송받았습니다. 하지만 우리가 마주한 미래에는 사회적 책임을 다하고 생태적 가치를 수호하는 회사만이 '존경받는 회사'로 인정받으며, 오직 그런 회사만이 시장에서 지속 가능하게 살아남을 수 있습니다.

컨설턴트 여러분, ESG 교육을 매년 반복되는 '법정 의무 교육'이라는 이름의 시간 때우기용 요식 행위로 만들지 마십시오. 이것은 기업의 DNA를 완전히 새롭게 프로그래밍하는 숭고한 작업입니다.

여러분의 컨설팅을 통해 단 한 명의 직원이라도 "우리 회사는 나를 존중하고, 지구의 내일을 고민하는 곳이야"라는 진정한 자부심(Pride)을 느끼게 된다면, 그것은 세상 그 어떤 성과급보다 강력한 애사심 교육이자 최고의 생산성 향상 전략이 될 것입니다. 눈에 보이는 수치 너머의 가치를 파는 컨설턴트가 되십시오. 그 진정성 있는 가치가 결국 기업의 가장 큰 수익으로 돌아올 것임을 잊지 말아야 합니다.

📋 제3절. 미래 교육컨설턴트의 비전과 과제

인공지능(AI)이 인간의 지식 전달 영역을 대체하고, 빅데이터가 정교한 알고리즘으로 성과를 분석하는 시대가 도래하였다. 이러한 기술적 진보 앞에서 누군가는 "교육컨설턴트의 입지가 좁아지는 것이 아니냐"는 우려 섞인 질문을 던지기도 한다. 그러나 단언컨대 기술이 고도화될수록 기계가 대체할 수 없는 '인간다움'의 가치는 더욱 찬란하게 빛을 발한다.

미래의 교육컨설턴트는 단순한 지식의 소유자나 전달자(Teacher)에 머물러서는 안 된다. 대신 기술과 인간을 유기적으로 연결하고, 성장의 고통을 함께 나누며 변화를 견인하는 '지혜의 촉진자(Facilitator)'이자 '변화의 설계자(Designer)'로 진화해야 한다. 본 절에서는 미래 교육컨설턴트가 갖추어야 할 핵심 역량과 나아가야 할 비전을 논의한다.

1. High Tech, High Touch: 기술의 정점에서 사람을 향하다

미래학자 존 나이스비트(John Naisbitt)는 일찍이 "기술이 고도화(High Tech)될수록, 사람들은 그에 반작용하여 더욱 따뜻하고 인간적인 손길(High Touch)을 갈망하게 된다"고 예견하였다. 이는 디지털 전환의 시대를 살아가는 교육컨설턴트가 생존을 넘어 탁월함으로 나아가기 위한 핵심 전략이다.

1) AI와의 전략적 역할 분담: 지식에서 지혜로의 전이

미래의 컨설팅 현장은 AI라는 유능한 조수(Co-pilot)와 인간 컨설턴트의 협업 체제로 재편될 것이다.

- AI의 영역: 방대한 데이터의 실시간 분석, 반복적인 훈련(Drill & Practice)의 관리, 정형화된 지식의 전달 등은 인간보다 뛰어난 효율성을 가진 AI의 몫이다.
- 컨설턴트의 영역: 학습자의 내면적 동기를 자극하고, 윤리적 딜레마 상황에서 가치 판단을 내리며, 복잡하게 얽힌 조직 내 갈등을 조정하는 일은 인간만이 수행할 수 있는 고유 영역이다.

컨설턴트는 AI가 분석해 준 정교한 리포트를 바탕으로 학습자와 눈을 맞추고(Eye-contact), 그들의 마음을 움직이는 심리적 지지와 코칭에 온 에너지를 집중해야 한다.

2) 하이터치 역량의 핵심: 공감과 관계 지능

데이터 리터러시(Data Literacy)가 미래의 언어라면, '공감 능력(Empathy)'은 미래의 종교와도 같다. 조직 내부의 미묘한 정치적 기류와 심리적 저항을 읽어내고, 실패와 좌절에 빠진 학습자를 다시 일으켜 세우는 따뜻한 감성은 알고리즘이 흉내 낼 수 없는 인간 고유의 성역이다. 컨설턴트는 기술이 해결하지 못하는 '관계의 틈'을 메우는 정서적 전문가가 되어야 한다.

2. 경계를 허무는 융합가 (Borderless Thinker)

"나는 교육학 전공자이므로 교육의 영역에만 집중하겠다"는 폐쇄적인 전문성은 융복합적 난제가 산적한 미래 사회에서 더 이상 유효하지 않다. 현대 사회의 복잡한 문제는 단일 전공 지식의 선형적 적용만으로는 해결할 수 없는 구조를 띠고 있기 때문이다.

1) 현대적 르네상스형 인재 (Polymath)로의 진화

미래의 컨설턴트는 여러 학문의 경계를 자유롭게 넘나드는 폴리매스(Polymath)적 기질을 발휘해야 한다.

- 교육 + 경영: 비즈니스 전략과 재무적 흐름을 이해해야 기업의 성과와 직결되는 HRD 솔루션을 제안할 수 있다.
- 교육 + 기술(IT): 에듀테크의 작동 원리를 이해하고 개발자와 소통할 수 있어야 학습자에게 최적화된 디지털 환경을 설계할 수 있다.
- 교육 + 인문/예술: 인간의 본질을 탐구하고 영감을 주기 위해 인문학적 소양과 예술적 감수성을 융합하여 '감동이 있는 학습 경험'을 창조해야 한다.

2) 연결 지능(Connectional Intelligence)과 네트워크 허브

자신이 모든 분야의 정답을 알 필요는 없다. 대신 다양한 분야의 전문가(데이터 사이언티스트, 디자이너, 마케터 등)를 연결하여 새로운 가치를 만들어내는 '네트워크의 허브(Hub)' 역할을 수행해야 한다. 융합은 지식의 산술적 합이 아니라, 연결을 통한 창조적 시너지에서 비롯된다.

3. 성찰하는 실천가: 가장 윤리적인 학습자 (The Ethical Learner)

컨설턴트는 타인을 변화시키는 사람이다. 타인의 변화를 끌어내기 위한 가장 강력한 도구는 컨설턴트 자신의 '변화하는 모습'이다. 남에게 신뢰받기 위해 컨설턴트는 누구보다 엄격한 윤리적 기준을 가져야 하며, 끊임없이 학습하는 모델이 되어야 한다.

1) 평생 학습자(Lifelong Learner)로서의 학습하는 야성

변화의 속도가 기하급수적으로 빨라지는 시대에 어제 획득한 전문성은 오늘 낡은 유물이 된다. 컨설턴트 스스로가 새로운 기술과 이론을 비판적으로 수용하고 체득하는 '학습하는 야수(Learning Animal)'가 되어야 한다. 컨설턴트의 전문성은 과거의 학위가 아니라 오늘 현재의 학습량에서 결정된다.

2) 기술 철학에 기반한 윤리적 리더십

AI의 편향성, 데이터 프라이버시 침해, 알고리즘의 비인간성 등 기술 발전에 따른 윤리적 이슈가 급증하고 있다. 컨설턴트는 기술적 효율성이라는 유혹 앞에서 '인간의 존엄성'을 최우선 가치로 두는 단단한 윤리적 기준을 견지해야 한다. 고객은 결국 '똑똑한 컨설턴트'보다 '자신의 조직을 진심으로 위하고 믿을 수 있는 컨설턴트'에게 기꺼이 마음의 문을 연다.

Prof's Insight. 파도를 멈출 수 없다면, 서핑을 즐기십시오.

마음 챙김의 대가 존 카밧진(Jon Kabat-Zinn) 박사는 "파도를 멈출 수는 없지만, 서핑하는 법을 배울 수는 있다"고 말했습니다. 생성형 AI의 폭풍, 디지털 전환의 해일, 인구구조의 격변 우리 교육 컨설팅 현장 앞에 밀려오는 변화의 파도는 거대하고 때로는 두렵기까지 합니다.

우리는 이 거대한 시대적 파도를 인위적으로 멈출 수 없습니다. 하지만 그 파도의 에너지를 이용하여 멋지게 올라타 '서핑(Surfing)'을 즐길 수는 있습니다.

미래의 교육컨설턴트는 거센 파도를 두려워하며 도망가는 자가 아닙니다. 파도의 결을 읽고, 보드 위에서 균형을 잡으며, 끝내 멋진 궤적을 그리며 나아가는 '지식의 서퍼(Surfer)'들입니다. 파도가 높고 험할수록, 우리는 더 높이 비상할 기회를 얻게 된다는 사실을 기억하십시오.

기술을 두려워하지 말고 여러분의 비전을 실현할 도구로 부리십시오. 그리고 그 혁신의 중심에는 항상 '사람을 향한 뜨거운 애정'을 단단한 닻(Anchor)처럼 내리십시오. 그 닻이 흔들리지 않는다면, 결코 길을 잃지 않을 것입니다.

이 책이 거친 미래라는 바다로 나아가는 여러분에게 가장 든든하고 견고한 '서핑보드'가 되기를 간절히 소망합니다. 여러분의 위대한 항해를 진심을 다해 응원합니다!

Workbook 13-1. 윤리적 딜레마 의사결정 시뮬레이션: 지배구조(G)와 가치 판단

⊙ 목표

규정과 관계 사이의 충돌 상황에서 최적의 윤리적 대안을 도출한다.

1) 상황(Context)

당신은 모 대기업의 교육 체계 수립 프로젝트를 수행 중인 컨설턴트다. 프로젝트 완료 보고를 앞둔 시점에, 고객사 담당자가 "지난 명절에 감사 인사를 못 전했다"며 10만 원 상당의 모바일 백화점 상품권을 발송해왔다. 회사 규정상 '이하관계자로부터의 3만 원 초과 수수'는 엄격히 금지되어 있으나, 이를 거절할 경우 향후 유지보수 계약이나 파트너십에 부정적인 영향을 줄까 우려되는 상황이다.

2) 의사결정 매트릭스 분석

구분	선택 A : 수용 및 묵인	선탁 B : 엄격한 거절 및 반환	선택 C : 통합적 대안
단기적 결과	관계의 매끄러운 유지	규정 준수 및 리스크 차단	신뢰 기반의 가치 공유
장기적 리스크	잠재적 부패 고리 형성	관계 경색 및 협업 저하	소통 과정의 번거로움
양심 점수	( ) / 10점	( ) / 10점	( ) / 10점

3) 나의 최종 결정 및 문제 재정의:

- 본 문제를 "상품권을 받을 것인가, 말 것인가"라는 이분법적 선택에서 벗어나, "어떻게 하면 규정을 준수하면서도 파트너십의 진정성을 더 확고히 할 것인가?"로 재정의 하시오.
- 나의 결정: [선택   ]
- 논리적 근거:

Workbook 13-2. 데이터 통역사(Data Translator) 실습: 학습 분석 기반 처방

⊙ **목표**

단편적인 기술 통계(Fact)를 넘어, 최적의 교육적 처방을 도출한다.

⊙ **[가상의 LMS 학습 리포트 데이터]**

- 강좌명: 2026 DX(디지털 전환) 리더십 과정 (10주 차)
- 평균 진도율: 현재 45% (목표 대비 −35%p 하락)
- 특이점: 3주 차 '생성형 AI 알고리즘의 이해' 영상 구간에서 이탈률 60% 급증.
- 학습자 평: "내용은 좋은데 현업 적용점이 모호함", "수식이 너무 복잡함".

⊙ **1) 기술(Descriptive) 및 진단(Diagnostic) 분석:**

- 현재 데이터상에서 발견되는 핵심 페인 포인트(Pain Point)는 무엇인가?
- 가설 수립(PR 적용): 단순히 '수업이 어렵다'는 현상 이면의 원인은 무엇인가? (예: 이론−실무 간의 계층적 간극 D5, 혹은 사전 지식의 부족 등)

  가설 1:

  가설 2:

⊙ **2) 예측(Predictive) 및 처방(Prescriptive) 솔루션:**

- 현 상태가 지속될 경우 발생할 '미래 충격'은 무엇인가?
- 컨설턴트의 혁신적 솔루션(IS): 단순히 "동영상을 쉽게 고치세요"가 아닌, 학습자의 이탈을 막고 성과를 증폭(IA)시킬 수 있는 융합적 처방을 제안하시오. (예: 마이크로 러닝 전환, 튜터의 정서적 하이터치 개입 등)

  제안:

주제 1. AI와 인간의 역할 - "알고리즘이 '지혜'까지 모방할 수 있는가?"

⊙ 맥락

본문에서는 AI를 '지식 전달자'로, 인간을 '지혜의 촉진자'로 정의하였다. 그러나 감성 컴퓨팅(Affective Computing)의 발전으로 AI가 학습자의 심박수와 표정을 읽고 공감 섞인 위로를 건네는 시대가 도래하고 있다.

⊙ 토론 질문

- 기술이 '정서적 하이터치'까지 정교하게 모방하게 될 때, 인간 교육컨설턴트만이 가질 수 있는 '최후의 보루'는 무엇인가?
- 튜링 테스트(Turing Test)를 통과한 AI 컨설턴트와 인간 컨설턴트 사이의 결정적 차이는 어디에서 발생하는가?

주제 2. 데이터 윤리 - "초개인화의 축복인가, 감시의 감옥인가?"

⊙ 맥락

학습 효과를 극대화하기 위해 학습자의 뇌파, 시선, 심지어 무의식적인 학습 로그까지 모두 수집하여 분석하는 것이 기술적으로 가능해졌다. 이는 개별화 교육의 정점이기도 하지만, 동시에 '디지털 파놉티콘(Panopticon)'의 위협이기도 하다.

⊙ 토론 질문

- 데이터 수집의 허용 범위는 어디까지인가?
- '학습의 효율성'이라는 명분이 '인간의 존엄성 및 프라이버시'를 압도할 수 있는가?
- 컨설턴트로서 당신은 어떠한 데이터 수집 원칙을 제안하겠는가?

주제 3. ESG 경영 - "진정성 있는 DNA 변혁인가, 세련된 그린워싱인가?"

⊙ 맥락

수많은 기업이 ESG를 선언하고 관련 교육을 강화하고 있다. 그러나 많은 경우 이는 홍보용 캠페인에 그치거나 법적 규제를 피하기 위한 요식 행위에 머물곤 한다.

⊙ 토론 질문

- 기업의 체질(DNA)을 근본적으로 바꾸어 '존경받는 회사'로 만들기 위해, 컨설턴트가 제안할 수 있는 가장 파괴적이고도 실질적인 한 가지 개입 전략은 무엇인가?
- 단순한 지식 교육을 넘어 임직원의 '매일의 행동'을 변화시킬 수 있는 강력한 레버리지는 무엇이라고 생각하는가?

교육 컨설팅의
이론과 실제

The Theory and Practice of
Educational Consulting

부록

1. 교육 컨설팅 제안서 표준 양식

제안서는 단순히 용역을 수주하기 위한 홍보물이 아니다. 그것은 "우리가 당신의 문제를 누구보다 깊이 이해하고 있으며, 이를 해결할 가장 정교한 시나리오를 가지고 있다"는 것을 증명하는 '가치 제안서(Value Proposition)'여야 한다.

표지

- 프로젝트명: [OO기관/기업] [프로젝트 주제, 예: 차세대 혁신 리더십 역량 강화] 컨설팅 제안서
- 제안 배경: [고객사의 핵심 페인 포인트(Pain Point)를 관통하는 슬로건 한 줄]
- 제안 일자: 2026. XX. XX.
- 제안사: [컨설팅사 명 또는 컨설턴트 성명]

I. 제안 배경 및 목적 (Why & Purpose)

1. 추진 배경 및 현황 분석

- 현황(As-is): [현재 고객사가 직면한 객관적 지표. 예: 최근 3년 내 핵심 인재 이탈률 25% 도달]
- 니즈(Needs): [고객사가 갈망하는 변화. 예: 수평적 소통 문화 정착을 통한 조직 회복탄력성 확보]

2. 프로젝트 추진 목적

- 정성적 목표: [예: 심리적 안전감 구축을 통한 창의적 아이디어 발현 문화 조성]
- 정량적 목표: [예: 역량 진단 점수 20% 향상, 교육 만족도 4.5/5.0 이상 달성]

II. 제안 내용 및 핵심 전략 (What & How)

1. 전략적 프레임워크 (Key Strategy) 본 컨설팅의 차별화된 접근법을 3가지 핵심 동력으로 제시한다.

- 전략 1: [데이터 기반의 정밀 진단 (Evidence-based)] – 객관적 로그와 심층 인터뷰를 결합한 문제 정의.
- 전략 2: [현장 밀착형 액션 러닝 (Performance-oriented)] – 이론을 넘어 실질적 성과를 도출하는 워크숍.
- 전략 3: [지속 가능성을 위한 전이 지원 (Transfer Support)] – 사후 코칭 및 마이크로러닝 연계.

2. 수행 프로세스 (Process)

- Phase 1. 진단 (Diagnosis): 문헌 분석, BEI 인터뷰, 조직문화 진단(OCAI) 등.
- Phase 2. 설계 (Design): 역량 모델링, 커리큘럼 아키텍처 수립, 교수설계.
- Phase 3. 실행 (Implementation): 파일럿 테스트, 본 과정 운영, 퍼실리테이션.
- Phase 4. 성과 관리 (Evaluation): 4수준 평가, ROI/ROE 분석, 최종 제언 보고.

III. 추진 일정 및 인력 구성 (When & Who)

1. 상세 추진 일정 (Schedule) (주차별 업무 범위를 명시한 간트 차트(Gantt Chart) 형식 활용 권장)

2. 프로젝트 팀 구성 (Organization)

- Project Manager (PM): [성명] – 프로젝트 총괄 관리 및 고객사 커뮤니케이션.
- Senior Consultant: [성명] – 핵심 모듈 개발 딪 전략적 교수설계 수행.

- Junior Researcher: [성명] – 데이터 분석 보조 및 교육 운영 행정 지원.

IV. 산출물 및 소요 예산 (Outcomes & Budget)

1. 주요 산출물 목록

- 진단 결과 분석 보고서 1부
- 맞춤형 교육 교재(워크북) 및 교수자 매뉴얼
- 최종 성과 분석 및 사후 관리 제안서 1부

2. 소요 예산 (Budget Summary)

구분	산출 내역(예시)	금액 (단위: 원, VAT 별도)	비고
인건비	[투입 인원] x [참여율] x [단가]	0,000,000	컨설팅 및 강의료 포함
직접 경비	인쇄비, 진단도구 사용료, 교통비	0,000,000	실비 정산 기준
제경비	일반 관리비 (직접비의 10~15%)	0,000,000	행정 지원 비용
합계		00,000,000	

2. 교육 컨설팅 표준 계약서 양식 (Contract Template)

계약서는 컨설턴트와 고객 사이의 신뢰를 명문화한 '안전장치'이다. 특히 분쟁의 소지가 큰 [과업의 범위]와 [지적재산권] 조항을 명확히 함으로써 불필요한 리스크를 사전에 차단해야 한다.

교육 컨설팅 용역 계약서

[발주사 명] (이하 "갑"이라 한다)와 **[컨설팅사 명]** (이하 "을"이라 한다)는 다음과 같이 교육 컨설팅 용역 계약을 체결하고 신의성실의 원칙에 따라 이행할 것을 약속한다.

제1조 (목적) 본 계약은 "을"이 "갑"에게 전문적인 교육 컨설팅 서비스를 제공하고, "갑"이 이에 대한 정당한 대가를 지불함에 있어 필요한 제반 사항을 규정함을 목적으로 한다.

제2조 (용역의 범위 및 기간)

1. 용역명: [프로젝트 명칭]
2. 용역 기간: 2026년 X월 X일 ~ 2026년 X월 X일
3. 상세 범위: 별첨된 제안서 및 과업지시서의 내용을 원칙으로 하되, 상호 합의에 의해 조정할 수 있다.

제3조 (용역비 지급 방법)

1. 총 용역비: 일금 [한글 금액] 원정 (₩ [숫자], VAT 별도)
2. 지급 시기:
- 착수금 (30%): 계약 체결 및 착수 보고 후 7일 이내
- 중도금 (40%): 중간 결과물 납품 및 보고 완료 후 7일 이내
- 잔금 (30%): 최종 검수 완료 및 결과 보고서 제출 후 7일 이내

제4조 (지적재산권 및 소유권)

1. 본 용역을 통해 생산된 '갑'의 전용 산출물(최종 보고서 등)에 대한 소유권은 '갑'에게 귀속된다.
2. 단, 본 용역 수행 이전부터 '을'이 보유하고 있던 고유 방법론, 진단 도구, 범용적 강의

콘텐츠에 대한 지적재산권은 '을'에게 유보된다. '갑'은 이를 내부 교육 목적으로만 사용할 수 있다.

제5조 (과업 범위의 변경 및 추가) 과업 범위의 중대한 변경이나 추가 요구가 있을 경우, 양 당사자는 서면 합의를 통해 용역 기간 및 비용을 조정해야 한다. (무상 수정은 총 2회 이내로 제한하며, 이후 추가 과업은 별도 산정한다.)

제6조 (비밀 유지) 양 당사자는 본 계약 수행 중 지득한 상대방의 경영 정보를 제3자에게 누설하지 않으며, 이를 위반할 시 손해배상의 책임을 진다.

Prof's Advice. 성공적인 비즈니스를 위한 컨설턴트의 자세

첫째, 제안서는 '연애편지'여야 합니다. 우리 회사가 얼마나 크고 화려한지(Company Profile)를 자랑하는 데 귀한 지면을 낭비하지 마십시오. 그 대신, 고객이 겪고 있는 아픔(Pain Point)을 우리가 얼마나 절실하게 공감하고 있는지, 그리고 그 아픔을 해결하기 위해 얼마나 치열하게 고민했는지를 보여주어야 합니다. 제안서의 주인공은 컨설턴트가 아니라 항상 '고객'이어야 함을 잊지 마십시오.

둘째, 계약서는 '투명한 유리창'이어야 합니다. 특히 [과업의 범위]를 설정할 때 '기타 사항'과 같은 모호한 표현은 금물입니다. 이는 나중에 "이것도 당연히 해주는 거 아니었나요?"라며 무리한 요구를 지속하는 '과업 범위의 슬금슬금 확장(Scope Creep)'을 불러오는 불씨가 됩니다. 전문가로서의 품격은 명확한 기준과 당당한 거절, 그리고 약속된 범위 내에서의 압도적인 성과에서 나옵니다.

셋째, 신뢰는 숫자가 아닌 '태도'에서 완성됩니다. 툴킷에 담긴 양식들은 도구일 뿐입니다. 진정한 컨설팅의 권위는 고객의 문제를 내 일처럼 여기는 진정성 있는 태도에서 완성됩니다.

3. 진단 도구 예시 (Diagnostic Tools)

진단 없는 처방은 오진이며, 이는 곧 프로젝트의 실패와 고객의 자산 낭비로 이어진다. 유능한 컨설턴트는 화려한 솔루션을 제시하기 이전에, 정교한 진단 도구를 활용하여 고객사가 직면한 '문제의 본질'과 '성과 격차(Performance Gap)'를 명확히 규명해야 한다. 다음은 현장에서 즉각적으로 활용 가능한 3가지 핵심 진단 도구이다.

⊙ A. 인터뷰 질문지: 고성과자 행동사건면접 (BEI Guide)

역량 모델링이나 직무 분석을 수행할 때, 해당 분야에서 탁월한 성과를 창출하는 성과 우수자(High Performer)의 성공 DNA를 추출하기 위한 인터뷰 가이드이다. 심리학적 근거를 바탕으로 설계된 STAR 기법을 활용하여, 피면접자의 추상적인 답변을 구체적이고 관찰 가능한 행동 지표로 변환하는 데 목적이 있다.

⊙ [인터뷰 개요]

- 인터뷰 대상: [부서명] [성명/직급] (직무 성과 지표 기준 상위 10% 이내 해당자)
- 소요 시간: 최소 60분 ~ 최대 90분 (심층 탐침을 위해 충분한 시간 확보 권장)
- 준비물: 녹음기(반드시 사전 동의 확보), 노트북, 직무 분석 기초 자료, 메모장

1. 오프닝 및 라포 형성 (Opening) – 5분

"바쁘신 와중에도 귀한 시간을 내주셔서 감사합니다. 오늘 인터뷰는 OO님이 현장에서 발휘하고 계신 탁월한 업무 노하우를 체계적으로 분석하여, 우리 회사의 차세대 교육 프로그램을 개발하기 위한 기초 자료로 활용될 예정입니다. 정답을 찾는 과정이 아니므로, 평소 일하시는 방식과 경험을 있는 그대로 편안하게 말씀해 주시면 됩니다. 모든 내용은 익명으로 처리되며 통계적 분석 목적으로만 사용됩니다."

2. 도입 질문 및 직무 정의 (Job Definition) – 10분

- 현재 담당하고 계신 핵심 업무의 정의와 조직 내에서의 비중은 어느 정도입니까?
- 해당 업무를 수행함에 있어 성과를 가르는 가장 결정적인 핵심 성공 요인(CSF:

Critical Success Factor)은 무엇이라고 생각하십니까?

- 일주일의 업무 시간 중 가장 높은 몰입도와 전문성을 요하는 활동은 구체적으로 무엇입니까?

3. 핵심 질문 (BEI – STAR 기법 적용) – 60분

피면접자가 과거에 실제로 겪었던 결정적인 성공 또는 실패 사례를 구체적으로 파헤친다.

- Q1. (S: Situation – 상황): 최근 1~2년 내에 본인의 역량을 발휘하여 큰 성과를 거두었거나, 난제를 해결했던 대표적인 사례를 하나만 선정해 주십시오. 당시 조직 상황과 시장 환경은 어떠했습니까?
- 탐침 질문(Probing): "그때 가장 위협적이었던 외부 요인은 무엇이었습니까? 관계된 이해관계자들은 누구였습니까?"
- Q2. (T: Task – 과제): 그 복잡한 상황 속에서 OO님이 달성해야 했던 구체적인 목표나 책임은 무엇이었습니까?
- Q3. (A: Action – 행동) ★결정적 구간★: 그 목표를 달성하기 위해 OO님이 '구체적으로' 취했던 행동 단계는 무엇입니까?
- 심층 탐침 질문: "단순히 노력했다는 표현보다, 구체적으로 어떤 순서로 업무를 처리하셨는지 말씀해 주시겠습니까?", "그 당시 상대방에게 정확히 어떤 문장으로 설득하셨습니까? (대사 복기)", "다른 동료들은 A라는 방식을 택할 때, 왜 OO님은 B라는 방식을 선택하셨습니까? 그 판단의 준거는 무엇이었습니까?"
- Q4. (R: Result – 결과): 그러한 행동을 통해 최종적으로 어떠한 결과가 도출되었습니까?

  탐침 질문: "수치적으로 입증 가능한 성과(ROI)는 어떠했습니까? 이 사건 이후 조직 내 평판이나 프로세스에 어떠한 변화가 생겼습니까? 이 경험을 통해 얻은 가장 큰 학습 포인트는 무엇입니까?"

⊙ B. 교육 니즈 분석 (TNA) 종합 체크리스트

프로젝트 착수 초기에 고객사의 거시적 경영 환경과 미시적 학습자 요구를 입체적으로 파악하기 위한 도구이다. 클라이언트와의 첫 번째 심층 미팅 시 이를 활용하여 요구사항의 '정렬(Alignment)' 여부를 확인해야 한다.

[진단 개요]

- 진단 일자: 2026. XX. XX.
- 대상 기업/기관: [고객사명]
- 작성자: [컨설턴트 성명]

구분	점검 항목	확인 내용 및 세부 사항
1. 조직적 차원	☐ 전략적 목표: 올해 기업의 핵심 경영 목표 및 비전은 무엇인가?	[ ] 매출 증대 [ ] DX 전환 [ ] ESG 내재화 [ ] 신시장 개척
	☐ 조직적 통증: 현재 구성원들이 공통적으로 호소하는 페인 포인트(Pain Point)는?	[ ] 부서 간 장벽 [ ] 리더십 결핍 [ ] 혁신 의지 저하
	☐ 지원 의지: 교육에 대한 경영진의 실질적 신뢰도와 예산 가용 범위는?	[High / Mid / Low] 별도 예산 편성 여부 확인:
2. 직무/ 역량 차원	☐ 필수 역량: 성과를 창출하기 위해 당장 보강해야 할 K(지식), S(기술), A(태도)는?	K: S: A:
	☐ 성과 격차: 고성과자와 저성과자 사이의 가장 두드러진 행동 차이는 무엇인가?	
	☐ 환경 변화: 최근 직무 프로세스나 시스템, 법규상의 중대한 변화가 있었는가?	[ ] 시스템 고도화 [ ] 관련 법안 강화 [ ] 조직 개편

3. 학습자 차원	☐ 대상자 프로파일: 교육 대상자의 주된 연령대, 성별, 직급, 평균 근속연수는?	[ ] 신입 [ ] 핵심인재 [ ] 팀장급 연령분포:
	☐ 학습 선호도: 과거 유사 교육 중 가장 반응이 좋았거나 거부감이 컸던 형식은?	[ ] 집합 연수 [ ] 액션 러닝 [ ] 마이크로러닝
	☐ 제약 요인: 현업 업무량으로 인해 확보 가능한 현실적인 교육 시간은?	[ ] 전일제 가능 [ ] 근무 외 시간 [ ] 주 1회 세션
4. 인프라 차원	☐ 가용 자원: 사내 연수원, 사외 교육장, 디지털 기기 등 인프라 확보 여부는?	
	☐ LMS 환경: 온라인 예 · 복습 및 데이터 트래킹 을 지원할 시스템이 존재하는가?	[Y / N] 시스템 명칭 및 사양:

C. 교수설계 품질 감사 체크리스트 (Instructional Design Audit)

개발된 교육 프로그램이나 교재가 성인 학습 원리에 부합하고 교육적 타당성을 갖추었는지 최종 검수하기 위한 평가 도구이다.

평가 영역	세부 평가 항목 (Quality Indicators)	점검 결과 (Check)
목표 명확성	학습 목표가 학습자의 입장에서 구체적이고 관찰 가능한 행동 용어로 기술되었는가?	☐ Yes ☐ No
내용 타당성	콘텐츠가 최신 학문적 이론과 현업의 실무 트렌드를 정확하게 반영하고 있는가?	☐ Yes ☐ No
교수 전략	일방향 강의가 아닌 참여, 토론, 실습 등 성인 학습자의 경험을 자극하는 전략이 포함되었는가?	☐ Yes ☐ No
논리 구조	전체 모듈이 '도입-전개-정리'의 논리적 흐름(Sequence)을 가지며 학습 전이를 고려했는가?	☐ Yes ☐ No

매체 가독성	시각 자료(PPT, 교재)의 레이아웃, 폰트, 이미지 사용이 학습자의 인지 부하를 줄여주는가?	☐ Yes ☐ No
평가 연계	학습 목표 달성 여부를 측정할 수 있는 사전·사후 평가 도구 및 피드백 장치가 있는가?	☐ Yes ☐ No

Prof's Advice. 질문은 칼보다 강하고, 경청은 약보다 귀합니다.

아무리 정교한 진단 도구를 손에 쥐고 있더라도 그것을 다루는 컨설턴트의 마음가짐이 바르지 못하면 도구는 그저 종이 뭉치에 불과합니다. 컨설팅 현장에서 도구는 보조 수단일 뿐, 진정한 통찰은 컨설턴트의 '경청(Active Listening)'에서 나옵니다.

저는 수많은 인터뷰를 진행하면서 질문지에는 적어두지 않았지만, 항상 가슴에 품고 다니는 '마법의 질문'이 하나 있습니다.

"아, 그렇군요. 정말 중요한 말씀을 해주셨습니다. 그런데 혹시 제가 놓치고 있는, 아직 말씀하지 않으신 '진짜 이야기'가 더 있을까요? (And what else?)"

내담자가 준비해온 정형화된 답변을 모두 쏟아내고 잠시 침묵이 흐른 뒤, 다시 입을 열어 조심스럽게 꺼내는 그 한 마디가 바로 조직의 아픔을 치유할 핵심 단서인 경우가 많습니다. 체크리스트의 빈칸을 채우는 속도보다 클라이언트의 눈빛 뒤에 숨겨진 불안과 기대를 읽어내는 속도가 더 중요합니다.

정확한 진단(Diagnosis)은 그 자체로 이미 절반의 치료(Treatment)가 시작되었음을 의미합니다. 여러분의 따뜻하고 예리한 진단이 고객사의 눈물을 닦아주고 새로운 성장의 불씨를 지피는 거룩한 첫걸음이 되기를 응원합니다.

:: 참고문헌

국내 문헌

- 김도기 외. (2015). 『학교컨설팅의 이론과 실제』. 학지사.
- 김도기 외. (2016). 『수업컨설팅』. 학지사.
- 김현섭. (2023). 『학교, 미래교육을 디자인하다: 학교자율시간 운영과 학교교과목 만들기』. 수업디자인연구소.
- 이상수, 강정찬, 이유나, 오영범. (2018). 『자기 수업 컨설팅』. 학지사.
- 이혁규. (2008). 『수업, 비평의 눈으로 읽다』. 우리교육.
- 정일화. (2023). 『수업분석과 수업코칭』. 학지사.
- 진동섭. (2003). 『학교컨설팅』. 학지사.
- 진동섭, 홍창남, 김도기. (2009). 『학교경영컨설팅과 수업컨설팅』. 교육과학사.
- 한국학교컨설팅연구회 (편). (2013). 『학교경영컨설팅』. 학지사.
- 한국학교컨설팅연구회 (편). (2014). 『학교 컨설턴트 가이드북』. 학지사.

국외 문헌 및 번역서

- Dougherty, A. M. (2012). 『학교와 지역사회를 위한 심리 및 학습컨설팅』(5판) (김정섭, 이영만, 유순화 역). Cengage Learning.
- Schein, E. H. (2005). 『기업 · 개인에서의 과정컨설팅: 도움을 잘 주고받는 법』(신기현 역). 학지사. (원전 발행연도 1999).

학술 논문

- 김분순, 강현석. (2010). 학교 교육과정 컨설팅 모형의 시론적 개발. 수산해양교육연구, 22(4), 537–552.
- 김사홍, 안재광, 안중민, 김진한. (2016). 중소기업 컨설팅 사례에 기반한 성장 사다리 모형 확장에 대한 연구. 경영컨설팅연구, 16(2), 135–149.
- 김성완, 백평구, 홍정순, 장환영. (2019). 교육서비스컨설팅은 교육혁신을 위한 새로운 길이 될 수 있는가?. 기업교육과인재연구, 21(4), 1–17.

- 김익성, 김주미, 전현선, 유우연. (2006). 중소기업의 경정력 향상을 위한 컨설팅의 역할과 중소기업컨설팅 발전전략 연구 (중소기업정책연구보고서 2006-12). 중소기업연구원.
- 김인숙, 양지희. (2023). 컨설팅, 코칭 분야 연구에 대한 체계적 문헌고찰. 교육 컨설팅코칭연구, (10), 61-114.
- 김정섭. (2009). 학습컨설팅의 중요성과 학습 컨설턴트으 역할. 학교심리와 학습컨설팅, 1(1), 1-15.
- 김희은, 엄기란. (2017). 외부컨설턴트의 학교컨설팅 사례연구: A초등학교 방과후학교 협동조합 컨설팅 사례를 중심으로. 교육 컨설팅연구, 5(1), 39-57.
- 남경진. (2024). 학습컨설팅 사례보고서 (동기부여 및 기초학습능력 향상). 학교심리와 학습컨설팅, 9(1), 59-71. 원사업에 대한 분석과 대안. 경영컨설팅연구, 19(3), 255-266.
- 박수정. (2011). 학교컨설팅과 교육청의 만남: 가능성과 한계. 한국교원교육연구, 28(3), 307-331.
- 심미자. (2012). 좋은 수업을 위한 수업컨설팅의 새로운 방향 탐색. 한국교원교육연구, 29(2), 371-396.
- 이유나, 강정찬, 오영범, 이상수. (2012). 수업컨설팅 인식 및 요구조사에 기초한 수업컨설팅의 과제. 교육공학연구, 28(4), 729-755.
- 이상수. (2010). 수행공학을 적용한 수업컨설팅 모형. 교육공학연구, 26(4), 87-120.
- 이상수. (2011). 효과적인 수업컨설팅을 위한 개입안(intervention) 설계 모형. 한국교육, 38(3), 5-32.
- 이상수. (2015). 수업컨설팅과 교육공학. 한국교육공학회 학술대회발표자료집, 2015(2), 11-17.
- 이상원, 최지연, 이태석, 황동국, 유동현. (2014). 지속가능발전교육 컨설팅 방안. 학습자중심교과교육연구, 14(8), 285-309.
- 임효창. (2011). 경쟁가치 모형에 의한 조직문화 및 리더십 진단 컨설팅 방법론: A기업의 사례를 중심으로. 경영컨설팅연구, 11(1), 67-86.
- 정수현, 김연구. (2020). 학교컨설팅의 이론적 과제 및 방향 탐색: 서비스 마케팅의 관점에서. 한국초등교육, 31(1), 35-56.
- 최혜영, 박상완, 나민주. (2015). 시·도교육청의 컨설팅장학 운영현황 비교 분석. 교원교육, 31(1), 75-99.

교육 컨설팅의 이론과 실제

초판 1쇄	2026년 1월 12일
2쇄	2026년 2월 20일

지은이	최윤석
발행인	김재홍
교정/교열	김혜린
디자인	박효은
마케팅	이연실

발행처	도서출판지식공감
등록번호	제2019-000164호
주소	서울특별시 영등포구 경인로82길 3-4 센터플러스 1117호(문래동1가)
전화	02-3141-2700
팩스	02-322-3089
홈페이지	www.bookdaum.com
이메일	jisikwon@naver.com

가격	20,000원
ISBN	979-11-5622-984-1